プロフェッショナルへの道

栗城史多
佐藤可士和
塚本徳臣
長谷川千波
武田双雲
岸田周三
張栩
久瑠あさ美
飯尾昭夫
外尾悦郎

致知出版社

「生涯を通じて打ち込める仕事を持てるかどうかで人生の幸不幸が決まる。まず、働く意義を見つけることだ」

京セラの創業者であり、経営破綻《はたん》した日本航空を僅《わず》か二年八か月で再上場へと導いた稀代《きたい》の経営者・稲盛和夫氏の言である。

私たちは皆、たった一度きりの人生を生きている。なんのためにこの世に生まれ、なんのために働くのか。人生のテーマともいえるこの問いにあなたは明確な答えを持っているだろうか――。

ここに登場する十名は、活躍するフィールドや辿《たど》ってきた道は違えども、各界各分野で自身の仕事に人生を懸け、一道を極めんとするプロフェッショナルたちである。

その求道の体験と、そこから生み出された金言に学び、かけがえのない命を精いっぱい輝かせ、人生を切り拓いていく人の一人でも多からんことを願ってやまない。

書家・相田みつを氏の言葉を紹介する。

「プロというのは、寝ても覚めても仕事のことを考えている。生活すべてが仕事。そこがアマチュアとの絶対差だ」

致知取材班

プロフェッショナルへの道*目次

終わりなき頂上への挑戦　栗城史多　八千メートル峰に単独・無酸素で挑む若き登山家　09
デザインの力で新時代を切り開く　佐藤可士和　時代の本質を摑むトップクリエイター　29
我が空手道は「天地一つ」　塚本徳臣　史上最年長の空手道選手権世界王者　45
人生の幅と深さは自分で決める　長谷川千波　リストラ寸前の赤字社員から転じたトップセールス　65
日々感謝 日々感動　武田双雲　数多くの題字を手掛ける新進気鋭の書道家　85

装　幀――フロッグキング
スタジオ
本文デザイン――奈良有望
写　真――坂本泰士
菅野勝男
村越　元

終わりなき頂上への挑戦

栗城史多《くりき・のぶかず》

登山家

昭和57年北海道生まれ。大学の山岳部へ入門した2年後の平成16年に北米最高峰マッキンリー（6194メートル）の単独登頂に成功。19年世界第6位の高峰チョ・オユー（8201メートル）を単独・無酸素登頂、動画配信による「冒険の共有」を行う。20年世界第8位の高峰マナスル（8163メートル）を単独・無酸素登頂。21年世界第7位の高峰ダウラギリ（8167メートル）を単独・無酸素登頂、インターネット生中継に成功。現在、世界最高峰エベレスト（8848メートル）の秋季単独・無酸素登頂を目指す。著書に『NO LIMIT』（サンクチュアリ出版）『一歩を越える勇気』（サンマーク出版）。

酸素が平地の三分の一しかない死の地帯といわれる八千メートル峰に、酸素ボンベを持たず挑み続ける男がいる。

登山家・栗城史多氏は、二十歳の時から登山を始め、三十歳の現在、八千メートル峰を三座、単独無酸素登頂に成功。「頂上にある感動を多くの人と共有したい」との思いから、登山の模様をインターネットで生中継し、世界中の人々に勇気と感動を与えている。

極限の世界に挑み続ける中で見えてきた境地と飽くなき挑戦心の源泉についてお話しいただいた。

三度目のエベレスト挑戦を終えて

――栗城さんはその若さで、既に八千メートル峰を三座、単独・無酸素登頂されていると聞いています。

栗城　世界には標高八千メートルを超える山が十四座あります。これまで私は、二〇〇七年にチョ・オユー（八千二百一メートル）、二〇〇八年にマナスル（八千百六十三メートル）、二〇〇九年にダウラギリ（八千百六十七メートル）を、それぞれ単独・無酸素登頂してきました。二〇〇九年から毎年、エベレストの単独・無酸素登頂を目指していますが、まだ登頂には至っていません。

――三度目の挑戦となった前回（二〇一一年）は、不運にも見舞われたそうですね。

栗城　七千八百メートル地点で、雪に埋めておいた食料、テント、ガスが高所に生息するキバシカラスに奪われてしまいました。ガスがないと雪を溶かして水分を補給できず、また、秋季は時間が経つほどに気温や気圧が下がり、危険であることから、最後は時間切れとなって、下山せざるを得ませんでした。

――ああ、時間との戦いでもあるわけですね。

栗城　通常、エベレストは春がシーズンなんです。秋から冬にかけては気象条件がもの凄《すご》く厳しいため、殆《ほとん》ど登山隊がいないのですが、私は毎年、その時期にエベレストに挑んでいます。

――あえて厳しい時期に行くと。

栗城　はい。誰かが踏んだルートを辿《たど》るような人生はあまり好きじゃないんです。冒険というのは、誰もやったことがなくて、誰もが難しいと思っている、そういう既成概念を超えるようなことを成し遂げるものだと思っていますから。

　ただ、登山で大事なのは執着しないことです。昔の人はよく登山で「征服」という言葉を使っていましたが、私は最後は「対話」だと思っています。これまでずっと一人で登ってきたこともあって、私は登りながら山に語りかけるんです。「きょうは大丈夫ですか」とか「いまは下りろと言われているのかな」という感じで。

　どんなに自分が頑張ってトレーニングしていっても、調子の悪い時もあれば、天気が悪くてダメな時もある。そういう周期も含めて、山に語りかけていった時に、山が登らせてくれる瞬間があるんです。だから、山は登るのでなく、登らせてもらうものだと思っています。

限界は自分がつくった幻想にすぎない

――そもそも登山を始められたきっかけはなんだったのですか。

栗城　ひと言で言えば、失恋です。私は高校卒業後、劇作家になることを夢見て、北海道の今金町《いまかねちょう》から上京してきました。しかし、すぐに挫折し、しばらくニートの生活を送っていたんです。夢も目標も失った私に残された唯一の希望は、当時付き合っていた彼女だけ。私は彼女と一緒になろうと決心して地元に帰ったんですが、その彼女にも振られてしまいました。

それからは朝から晩まで、部屋に引きこもるようになりました。一日のうちトイレの時以外は寝ているだけ。そんな生活を一週間以上続けていたんです。そうしたらある時、布団に人の形の黒カビが生えてきた。これにはさすがに驚いて、「このままでは人間以下だ。何かやり始めなきゃ」と。

では何をやろうかと考えた時に、彼女が登山をやっていたことを思い出しました。小柄な女性でしたが、本格的な冬山を登っていた。私は、どうして彼女が山に行くのか、彼女が見ていた世界をこの目で見てみたくなったんです。

――それで登山の道に。

栗城　はい。本格的に登山を始めるため、二〇〇二年に大学の山岳部に入部しました。まあ、部とはいっても、部員は先輩と私の二人だけでしたが（笑）。

初めのうちは登山が嫌いだったんですが、その先輩が厳しい人で、いったん登り始めたら登頂するまで下山が許されなかった。「登頂癖をつけろ」というのが先輩の口癖で、たとえ熱が三十八度あろうと、天気が悪かろうと、先輩はどんどん先に行ってしまうんです。

冬山に一人取り残されるわけにはいかないので、とにかく喰らいついていきました。そうやって登っていくうちに、いつの間にか頂上に立っていたんです。

それまでの私は、何か夢を持ったとしても、そこにもう一人の自分がいて、「これは無理だろう」と。そうやって勝手に決めつけて、途中で諦《あきら》めていました。

ところが、冬山では生きて帰るために必死になるしかなかった。私はそこで初めて、限界というのは、本当の限界に達する前に、自分で勝手に決めつけているのだということに気づかされました。

――それから山の魅力に取り憑《つ》かれていったのですか。

生きることは、長く生きるかどうかではなく、
何かに一所懸命打ち込んで、
そこに向かって命を燃やしていくことだと思います。

栗城　そうですね。はじめは北海道の山ばかり登っていましたが、私の胸のうちには、大学生の間に海外の山を登りたいという思いがありました。先輩方は代々、ヒマラヤに行っていたのですが、私はあえて皆が行かない山を登ってみたかったんです。そして二〇〇四年、二十二歳の時に、北米最高峰のマッキンリー（六千百九十四メートル）に一人向かうことを決意しました。

――登山を始められて僅《わず》か二年で、なぜいきなりマッキンリーに？

栗城　入山料が一番安かったんです（笑）。また、いまは禁止されていますが、当時アラスカの山は、セスナで登山口まで連れて行ってくれて、一人で登ることができた。それでぜひ行ってみたいなと。

当然、周りからは大反対されました。「経験の少ないおまえにはできない」「不可能だ」と。

しかしその時、上京してすぐに挫折した時のことが頭を過《よ》ぎったんです。もしここで言われたとおりにやめてしまったら、今後自分は何をやるにも中途半端な人間になってしまう。そう思って、私は過去の自分と決別すべく、山岳部を辞めてマッキンリーに挑みました。そして、初めての海外遠征で、マッキンリーの単独登頂に成功することができたのです。

誰しも自分の中のエベレストを登っている

栗城　マッキンリーを登頂してからは、とにかく無我夢中で世界の最高峰を登り続けました。ただ、その中で感じたのは、登山がいかに孤独な世界であるかということでした。頂に立った時の感動や山で得た学びを、帰国後友人に伝えようとしても、全《まった》く理解してもらえなかったんです。

――実際に経験した人にしか分からないものだと。

栗城　だからよく登山は観客なきスポーツとか非生産的行為といわれるんですが、やっぱりこの感動を多くの人と共有したい。どうにか伝えられる方法はないかなと思っていた時に、偶然、あるテレビ局から「インターネットの動画配信をやりませんか」というお話をいただいたんです。

二〇〇七年、世界第六位の高峰、ヒマラヤのチョ・オユーを登る時でした。ただ、一つ問題があって、番組のタイトルが「ニートのアルピニスト　初めてのヒマラヤ」

という名前だったんです（笑）。それで、日本全国のニートや引きこもりの方からたくさんメッセージをいただきました。「おまえには登れない」とか、中には「死んじゃえ」とかですね。そういう悪いメッセージばかり。

――それは酷《ひど》い……。

栗城　それでも一か月以上かけて登っていきました。しかし、頂上付近で天気が悪くなってガスがかかってしまい、断念せざるを得なかったんです。それで一回、五千三百メートル地点にあるベースキャンプまで下りていきました。

するとまた、誹謗中傷《ひぼうちゅうしょう》の嵐です。「ああ、やっぱりダメだった」「夢って叶《かな》わないんですね」と。

いったん八千メートルまで行くと、もの凄く体が衰弱するんです。酸素が三分の一なので、気圧も三分の一になり、体の水分がどんどん外に抜けてしまう。そのため脂肪だけでなく筋肉まで落ちて、全然力が入らなくなるんです。

ただ、このまま終わるのはどうしても悔しかった。私は三日だけ休養を取り、再アタックしました。

そして、五日間かけて頂上につくことができたんです。

――決死の登頂ですね。

栗城　すると、それを見ていた人たちの言葉が百八十度変わりました。それもただ、「栗城は凄い」とかではなく、「僕も本当は夢があって、諦めていたけど、もう一回やろうと思いました」とか「私も何か始めようと思いました」と。

――自分のことを語り始めた。

栗城　で、その時に思ったんです。「ああ、自分だけが山に登っているんじゃない。皆それぞれ、見えない山を登っているんだな」って。

講演会をしていても、「この間の試験受かりました」「夢叶えました」と、私のところに報告にきてくれる人が多いんです。先日も、四十一歳でようやく教員試験に受かって先生になれたという方が報告にきてくださったりしました。

その人にとっては教員試験が見えない山であり、エベレストです。そして、誰しもが自分の中のエベレストを登っているわけです。勿論《もちろん》、中には挫折してしまった人もいるでしょうが、私はそういう人たちと夢を共有して、「自分はできない」「無理だ」と思っている心の壁を取っ払いたい。見えない山に挑戦し、ともに成長していきたい。それが私の目指す登山なんです。

すべてに感謝

——栗城さんはそれを「冒険の共有」とおっしゃっていますね。

栗城　はい。ただ、その動画は過去の映像なんですね。私がＳＤカードに撮ってきたものをパソコンに取り込んで、それを公開するという形なので時間差がある。

やっぱり夢としてはリアルタイムの映像を見てもらいたいという思いがあって、二〇〇九年からライブ中継を開始しました。

——それはどのようにして？

栗城　エベレストには僅かながら電波が通っていますので、電波を増幅させるブースターという重さ四キロほどの装置を、私が担いで登るんです。

そのブースターから十キロ離れたベースキャンプまで電波を飛ばして、そこから今度は衛星経由で繋《つな》ぐというやり方をしています。これを世界中にライブ配信するには、億単位の資金が必要になります。

——それだけの資金をどのように集められたのですか。

栗城　最初の頃はとにかくスポンサーを見つけなければならないので、少しでも時間

があれば手紙を書いたり、アポなしで企業を訪問したりしました。特に派手なプレゼンをするわけではなく、素直に自分の夢を語っていったんです。

当時は、一日何社回ったかも記憶にないくらい、とにかく毎日完全燃焼でした。もちろん最初は断られてばかりでしたが、諦めないで続けていると、逆にまた応援してもらえることもありました。

――一回断った人が？

栗城　はい。ある人は、断ってから一年くらい経って、「この間テレビで見たよ。まだやってるんだな」と感動してくれて。

だから私は、どんなに断られても落ち込むことはありませんでした。むしろ断られてもどんどん回って、とにかくこういうことに挑戦したいんですと一所懸命話していきました。そうすると相手も話を聞いてくれるんです。

出発の直前まで資金が集まらないこともありましたけど、辛いとか苦しいって思ったことはなかったですね。山登りでも日常生活でも、大事なのは、「すべてに感謝する」ことだと思います。

――といいますと？

栗城　いいことに感謝するだけでなく、これから起きるであろう嫌なことや苦しみもすべて受け入れて感謝するんです。

――苦しみも受け入れると。

栗城　私は山登りを通して、苦しみには三つの特徴があることに気づきました。

一つは、「苦しみと闘おうとすればするほど、その苦しみは大きくなっていく」。もう一つは、「苦しみから逃げても、どこまでも追ってくる」ということです。

人間の身体器官の中で、酸素の使用量が一番多いのが脳だといわれています。そのため、苦しい時に焦ったり、熱《いき》り立ったりすると、脳がどんどん酸素を消費してしまいます。七千五百メートル以上の世界では、少ない酸素をいかに無駄なく取り入れるかが大切なので、体力的に、精神的に本当に苦しい時に、あえてそこで「ありがとう」と言いながら登るんです。

そうやって苦しみを受け入れると、不思議と心が落ち着いてきて、無駄な酸素を使わずに山を登ることができるんです。

そして特徴の三つ目は、「苦しみは必ず喜びに変わる」ということ。例えば、高尾山のような低い山は簡単に登れてしまうので、登頂してもあまり感動は湧いてきません。しかし、八千メートル峰を登頂した時は、それまでの苦しみが大きい分、得られる達成感も半端じゃない。苦しみの分だけ、喜びがある。だから、苦しみは決して悪いものじゃないと考えています。

生きるとは命を燃やすこと

――八千メートル峰は常に死と隣り合わせの世界だと思いますが、実際に死に直面されたことはありますか。

栗城　人間の心と体はきちんと繋がっていますので、山の中で危険なことがあっても悪いことは一切考えないようにしています。

ただ一回だけ、これはどうしようもないということがありました。二〇〇九年秋、世界第七位の高峰、ヒマラヤのダウラギリを登頂し、下山していた時のことです。登頂後は一刻も早く酸素の濃い七千五百メートル以下まで下りないと危険なので、夜中も下山を続けていました。

と、その時。氷雪《ひょうせつ》の急斜面でアイゼンがすべって、滑落してしまったんです。どう足掻《あが》いても止まらず、どんどんスピードは加速していきます。その上、その先には落差千メートルほどの断崖絶壁が待ち構えていました。

――まさに絶体絶命……。

栗城　で、これはもう落ちるなと思った時に、たまたま自分の体が何かに引っかかって止まった。

タルチョといって、登山の時に必ず使うチベットの祈りの旗を誰かがそこに差していたんです。それがあったおかげで、私は奇跡的に一命を取り留めました。あの時は神様っているなと思いましたね。

――しかし、それだけの危険を冒してまで、なぜ山に挑み続けるのでしょうか。

栗城　やはり母の影響が大きいですね。母は、私が十七歳の時にがんで亡くなりました。体中にがんが転移していく中、普通だったら「辛い」「痛い」と、弱音を吐くところだと思うのに、母はそういうことを一切口に出さなかった。

必死にがんと闘っている母の姿を見た時、私は母から「一所懸命生きなさい」と言われているような気がしたんです。その母のメッセージが私の中に強烈に残っていて、いまもなお、自分を突き動かす原動力になっていると思います。

私は講演をしていて、聞かれるんです。「死の危険を冒して登ることは怖くないんですか」と。

しかし、私は決して死というものが悪いものだとは捉えていません。終わりがあるからこそ、いまがあることに感謝し、一所懸命生きることができると思うんです。

——栗城さんにとって生きるとはどういうことですか。

栗城　生きるとは、長く生きるかどうかではなく、何かに一所懸命打ち込んで、そこに向かって命を燃やしていくことだと思います。たとえ九十歳まで生きたとしても、夢も目標もなく、何にもチャレンジしない人生はつまらない。

八千メートル峰は無酸素ではずっと生きられません。そこへは酸素ボンベを使って、グループで登っていったほうが死のリスクは低くなりますが、私はそれをやるかといったら絶対にやりません。

それは安全で、堅実であるがゆえに、自分の力を百パーセント出さなくても登れてしまいます。自分の全力を出さないで登頂したとしても、それは単なる記録であって、私にはあまり価値を感じられません。大切なことは、登頂までの過程で、いかに自分の百パーセントを超えた、百十パーセント、百二十パーセントの未知なる領域に辿り着けるかということです。

登頂は次なる挑戦へのスタート

――何かご自身の信条とされてきたことはありますか。

栗城　いろいろとありますが、まず「一歩を踏み出す」こと。そして「諦めない」ということが、私の生きる姿勢かもしれません。

山登りでは一歩を踏み出さないと頂上にはいけません。登山に限らず、地上のいろいろなチャレンジにおいても、「できる」「できない」と考える前に、まずはやってみることが大切だと思うんです。ライブ中継による「冒険の共有」も、技術的なことは一切気にせず、とにかくやってみたいという思いで始めました。

私がエベレストを登頂できずに下山して帰ってくると、周りからは「失敗した」って言われるんです。でもそれはちょっと違います。成功の反対は失敗ではなく、本当の失敗とは「何もしないこと」です。私は山登りを通して、挑戦し続けていく先に必ず登頂や成功があるのだと確信しています。だからこそ、諦めないことの大切さを伝えていきたいと思っています。

――栗城さんにとって登頂することにはどういう意味がありますか。

栗城　登頂するということは、「振り出し」だと思います。肉体的な限界もあるので、ずっと登山なのかは分からないですが、一つ登頂するたびに、次へ次へとまた新たな頂上が見えてくるものです。

――チャレンジはどこまでも続いていくと。

栗城　前人未到のインターネットライブ中継を行いながらのエベレスト単独・無酸素登頂を成し遂げたいと思っています。世界中の人たちに勇気を伝えるため、これからも前進し続けていく覚悟です。

デザインの力で新時代を切り開く

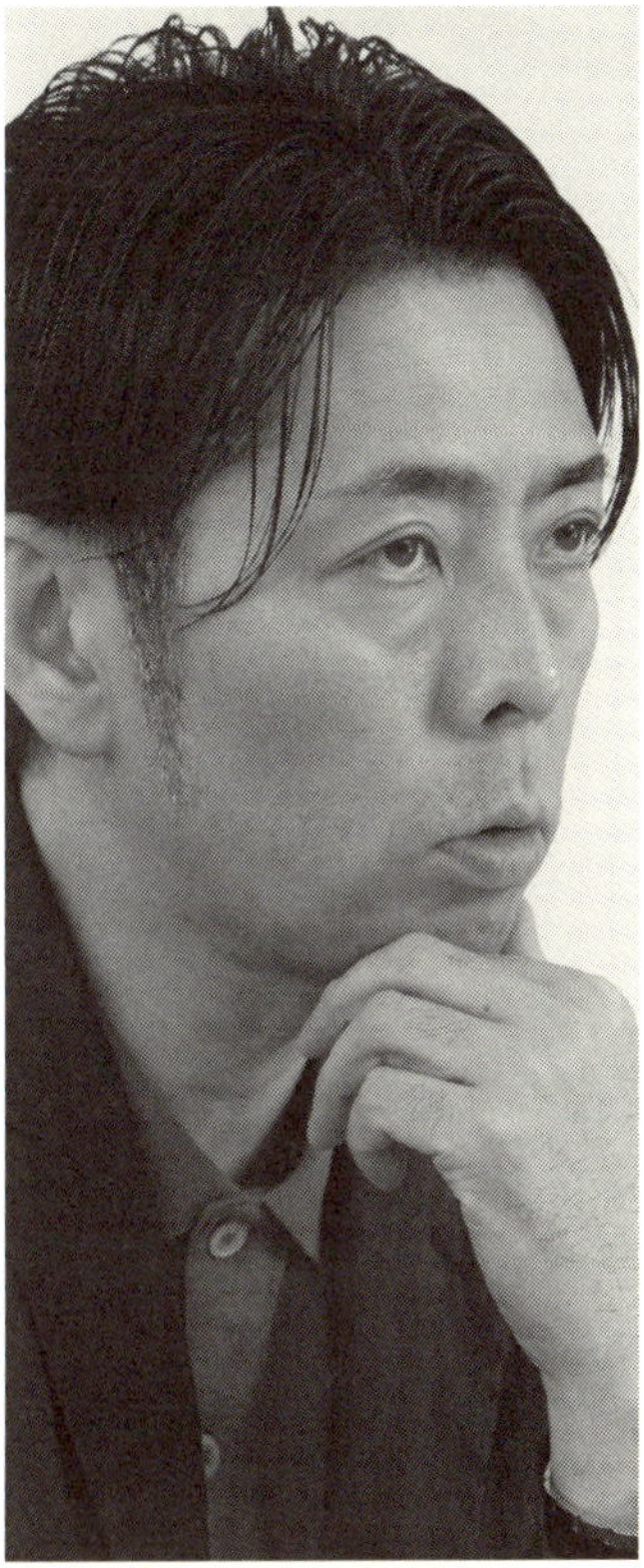

佐藤可士和《さとう・かしわ》

クリエイティブディレクター

昭和40年東京都生まれ。平成元年多摩美術大学グラフィックデザイン科卒。博報堂を経て、12年「サムライ」設立。国立新美術館のシンボルマークデザイン、ユニクロ、セブン‐イレブン、楽天グループ、今治タオルのクリエイティブディレクション、幼稚園や病院のプロデュースなど、企業や組織の本質を摑み、その存在を際立たせるコミュニケーション戦略とデザイン力で注目を集める。東京ADCグランプリ、毎日デザイン賞ほか多数受賞。著書に『佐藤可士和の超整理術』『佐藤可士和のクリエイティブシンキング』（ともに日本経済新聞出版社）などがある。

ユニクロのグローバルブランド戦略、カップヌードルミュージアムのトータルプロデュース、ホンダ「N」シリーズの広告キャンペーンなど、社会や時代の本質を見抜き、数々のヒット商品や企業のブランディングを手掛けるクリエイティブディレクター・佐藤可士和氏。既存の広告やデザインの概念を超越し、世の中に新たな価値を創造発信し続けている。東京・渋谷のオフィスを訪ね、そのクリエイティブワークの神髄に迫った。

働く環境をデザインする

――こちらの部屋に入って驚きました。オフィスとは思えないほど、シンプルで整然とした空間ですね。

佐藤　ここを初めて訪れる方は、大概驚かれます。でも部屋が雑然としていたり、いろいろなものが目に入ってくると、それが気になって何かと集中しづらいですよね。

きょうは取材ですが、普段はここでクライアントと打ち合わせをしたり、プレゼンテーションをしたりしています。僕にとって打ち合わせとは、ただ決まったことを確認したりすることではありません。その場で議論して何かをつくり出すことなので、この部屋は重要なクリエイションの場なんです。

だからこそ、周りが気にならず、打ち合わせに集中できる環境をつくることが大切になってきます。

――まず環境を整えることが大事であると。

佐藤　ここ最近、オフィスデザインが企業の経営戦略の一環として注目を集めているのですが、僕がチーフクリエイティブディレクターとして関わっている楽天グループもその一つです。二〇〇七年に新社屋「楽天タワー」を開設するにあたって、オフィス全体のデザインを依頼されました。

「社員が生活空間のように快適に過ごせるオフィスをつくりたい」という三木《みき》谷《たに》浩史《ひろし》社長の思いを受け、様々な場所に木を使用し、温《ぬく》もりのある快適な空間を演出しました。また、サッと集まって打ち合わせができるよう、小さなミーティングスペースを所々に設けたことで、瞬発力のある動線が生まれました。これはスピード感が命ともいえるＩＴ企業にとって効果的かつ機能的な空間だといえます。

　これらはほんの一例ですが、働く環境をデザインすることによって社員の意識や働き方を変え、より高いパフォーマンスを発揮することができるのだと考えています。

人生を決定づけた衝撃の三時間

——クリエイターの道に進まれたきっかけはなんだったのですか。

佐藤　父親が建築家だった影響もあって、幼い頃から絵を描くのは得意だったんです。高校二年の時、文系か理系かを選択しないといけなかったのですが、大学で勉強する内容にどれも興味を持つことができませんでした。熱中できないことを勉強して、なんとなく大学へ行き、なんとなくサラリーマンになるのは嫌だなと。
その時に美術大学という選択肢もあることに気づいて、試しに美大受験のためのデッサン講習会に参加しました。そこで初めてプロの道具を使って、本格的に絵を描いたんですが、三時間の講習が僕には三十分くらいに感じられて。まさに雷に打たれたような衝撃でしたね。こんなに楽しいことが世の中にあるのか。これが受験勉強なんて最高じゃんって（笑）。もうその瞬間に、美大に行って、クリエイターになろうと決めました。

——僅《わず》か三時間で将来のビジョンが定まったのですね。

佐藤　大学では膨大な課題をすべて完璧にこなしながら、自主的に作品をつくって個展を開くなど、とにかくエネルギッシュに活動していました。そんな時、ある授業で、当時博報堂に勤めていた大貫卓也さんというアートディレクターの存在を知ったんです。「としまえん」や「ラフォーレ原宿」などインパクトのある作品を次々に出し、広告業界にその名を轟《とどろ》かせていた大貫さんに憧《あこが》れて、博報堂を就職先に選びました。

本質を突き詰めていけば答えは必ず見えてくる

佐藤　入社後、大貫さんは独立してしまわれたんですが、幸運なことに大貫さんと一緒にサントリーの仕事をする機会に恵まれました。

大貫さんの作品は街中でたくさん見ていましたが、一体何をどう考えたら、こういうアイデアが出るのか凄《すご》く知りたかったんです。

それで最初の打ち合わせの時に、僕は張り切っていろいろなアイデアを持っていきました。ところが、「いや、まだそういう段階じゃないから」と言って、大貫さんは全然アイデアを見てくれませんでした。

そして、「ウイスキーとは何か」「ウイスキーを飲む喜び」「ウイスキーがいままで培ってきた文化」といったことを何日もかけて話し合っていったんです。

――広告のアイデアではなく？

佐藤　ええ。それまで僕は、そういう本質的なことに向かわず、どんな表現をつくればインパクトがあるのかという表層的な見せ方ばかりを考えていました。アプローチの仕方がまるっきり逆だったんです。やり方が間違っていたというか、甘いというか、

僕はいつも打率十割、
すべてホームランにしようと思ってやっています。
クライアントにとっては一回、一回が真剣勝負で、
社運を賭けて臨んでいるわけですから、
失敗なんて許されないですよ。

とにかく全然レベルが違うなと思って、もの凄く衝撃を受けましたね。

その後も三年くらい一緒に仕事をさせていただいて、商品の本質を見抜くためのアプローチをとことん教えていただきました。

そして、大貫さんから学んだことを初めて実践したのが一九九六年、ホンダステップワゴンのCMをつくった三十一歳の時でした。

——詳しくお聞かせください。

佐藤　やはりその時も、まず徹底的に車について話し合いました。

当時はミニバンブームの走りで、それまで家族の車と言えばセダンだったんですけど、それがミニバンに移行する頃だったんです。

そこで家族にとっての新しい車とはなんだろう、この車が持っている本質的な価値はなんだろうということを突き詰めていきました。

ステップワゴンは、休日に活躍させたいファミリーカー。そのため、子供と一緒に遊びに行く楽しさに狙いを絞り込み、そこをとことん強調することにしました。話し合いの末に生まれたキャッチコピーは「こどもといっしょにどこいこう」。子供のお絵描きのような手描きのロゴや動物の絵を鏤《ちりば》め、まるで絵本の世界に飛び込んだかのような広告に仕上げたのです。

――恐竜と出会ったり、宇宙に出かけていったりするストーリーは、車のCMとは思えないインパクトがありました。

佐藤　冒険に出かけるようなワクワク感がダイレクトに伝わったからでしょうか、毎月数万台も売れるほど大きな反響を呼び、ミニバンカテゴリーで売り上げナンバーワンにも輝きました。

当時、車の写真を前面に出さない自動車広告なんて業界の常識ではあり得なかったんです。でも、固定観念に囚《とら》われず、本質を突き詰めていけば、答えは必ず見えてくるということを確信しました。

目指すは打率十割すべてホームラン

佐藤　一九九〇年代半ばまでは、ステップワゴンのように、CMを打ったらドーンと売れる手応えがありましたが、一九九八年頃からインターネットや携帯電話の普及に伴い、マス広告だけでは効果が出にくい傾向になっていきました。

ところが、様々なクライアントと仕事をしていく中で、殆《ほとん》どの企業が広告は皆に注目されるものだ、自分たちの商品は皆が関心を持っているはずだ、という前提で物事を進めていることに僕は疑問を感じるようになりました。

この商品をヒットさせるためには、そもそものコンセプトとターゲットが合っているのかとか、パッケージやネーミングを変えたほうがいいのではないかといった根源の部分には全《まった》く触れず、細かい点ばかり議論している。

——ああ、本質的な問題に目を向けていないと。

佐藤　そうです。もっと問題の本質的なところから携わることができれば、デザインの力で解決できることがたくさんあるのではないかと思い、十一年勤めた博報堂を退職し、三十五歳の時に「サムライ」を立ち上げました。

独立後、最初に手掛けたのは、ＳＭＡＰのアルバムのジャケットや広告、コンサートグッズなどのトータルデザインでした。ＳＭＡＰの仕事では、渋谷の路上パーキングの車すべてにオリジナルカバーをかけたり、『Drink! Smap!』というアルバムと同じ名前の飲料を販売するなど、大胆な仕掛けを展開しました。

通常の広告とは違う手法で、街全体を一つのメディアとして捉えたことで話題を呼び、その様子がテレビや新聞にも大きく取り上げられてPR効果も絶大でした。

――広告の既成概念を打ち破られたのですね。

佐藤　その後も、携帯電話のデザイン、発泡酒の商品開発、幼稚園や病院のプロデュース、TSUTAYA TOKYO ROPPONGIの空間ディレクションなど、既存の枠組みに囚われず、クリエイティブの力で新しい価値を世の中に提示できるような仕事に挑戦していきました。

いまは全部で三十くらいのプロジェクトが動いていますが、最近は企業の価値をいかに高めるかという、企業のトータルブランディングも大きな割合を占めています。先ほどの楽天もそうですし、あとはユニクロやセブン‐イレブンなどが代表的なところですね。

――他の誰もが考えつかないような斬新なアイデアをどうやって生み出しているのですか。

佐藤　一つは「イメージを持ち続ける」ことですね。全然知らない分野の仕事を依頼されることも多いので、「アイデアが尽きることはありませんか」と、よく質問を受けるんですが、アイデアは自分が無理矢理ひねり出すものではなく、答えは常に相手の中にあると思っています。たとえ初めて経験することであっても、対象と真剣に対峙《たいじ》すれば必ず答えは見つかると信じているのです。

それと僕はいつも、打率十割、すべてホームランにしようと思ってやっています。何人ものクライアントを抱えていると、つい目の前のクライアントを大勢いる中の一人と捉えがちですが、それは違います。クライアントにとっては一回、一回が真剣勝負で、社運を賭《か》けて臨んでいるわけですから、失敗なんて許されないですよ。

デザインとはソリューションである

――ヒット商品を生む秘訣のようなものはありますか。

佐藤　商品の本質を見抜くことが肝要です。本質を見抜くとはある表層だけではなく、いろいろな角度から物事を観察し、立体的に理解するということです。そのためのアプローチは様々ありますが、中でも僕が最も重要だと思うのは、「前提を疑う」ということです。

――前提を疑う、ですか。

佐藤　これは僕のクリエイティブワークの原点ともいえるフランスの美術家、マルセル・デュシャンから学んだことです。

二十世紀初頭、皆が一所懸命絵を描いて、次は何派だとか言って競っている時に、デュシャンはその辺に売っている男性用の小便器にサインをして、それに「泉」というタイトルをつけて、美術展に出したんです。

キャンバスの中にどんな絵を描くのかということが問われていた時代に、いや、そもそも絵を描く必要があるのかと。見る人にインパクトを与えるために、敢えて便器という鑑賞するものとは程遠いものを提示して、アートの本質とは何かをズバッと示した。つまり、そういう行為自体が作品であると。

——まさに前提を覆《くつがえ》したのですね。

佐藤　そうです。ただ、必ずしも前提を否定することが目的ではありません。一度疑ってみたけど、やはり正しかったということも十分あり得るでしょう。大事なのは、「そもそも、これでいいのか？」と、その前提が正しいかどうかを一度検証してみることです。

過去の慣習や常識にばかり囚われていては、絶対にそれ以上のアイデアは出てきませんから。

――前提を疑わなければ、よいアイデアは生まれないと。

佐藤　はい。あと一つ挙げるとすれば、「人の話を聞く」ことが本質を見抜く要諦《ようてい》だといえます。

相手の言わんとする本意をきちんと聞き出す。僕はそれを問診《もんしん》と言っていますが、プロジェクトを推進していく際はこの問診に多くの時間を割いています。じっくり悩みを聞きながら、相手の抱えている問題を洗い出し、取り組むべき課題を見つけていくのです。

――問診するにあたって、何か心掛けていることはありますか。

佐藤　自分が常にニュートラルでいること、それが重要です。邪念が入るとダメですね。人間なので好き、嫌いとか気性の合う、合わないは当然あるじゃないですか。ただ、合わない人の言っていることでも正しければ、その意見に従うべきですし、仲のいい人でも間違っていれば「違いますよね」と言うべきでしょう。

感情のままに行動するのではなく、必要かどうかを判断の拠《よ》り所《どころ》とする。いつも本質だけを見ていようと思っていれば、判断を間違えることはありません。

——本質だけを見ていくことが要《かなめ》になるのですね。

佐藤　本質を摑《つか》んで何か見える形にする、あるいは感じられる形にして、社会に提示することが僕の仕事ですからね。

デザインとは一つのソリューション、解決の方法だと思うんです。デザインというと、一般的には表層的な形や美しさをつくることだと思われがちですが、クライアントの言葉にならない熱い思いやビジョンを引き出し、最適な形に具現化して、世の中に伝えていくことだと考えています。デザインの力を使って、多くの人の日常が少しでもよりよい方向に変わっていく一端を担いたい。それを実現するためにも社会や時代の本質を見抜き、世の中に新しい価値を提示し続けていきたいと思っています。

我が空手道は「天地一つ」

昭和49年長崎県生まれ。平成8年第6回全世界空手道選手権大会優勝。21歳で史上最年少の世界王者となる。9年第1回カラテワールドカップ優勝。23年第10回全世界空手道選手権大会優勝。37歳で史上最年長の世界王者となる。現在は引退し、次なる世界王者の育成に励む。

つかもと・のりちか
塚本徳臣
NPO法人全世界空手道連盟
新極真会世田谷・杉並支部長

第六回全世界空手道選手権大会で優勝し、史上最年少の二十一歳で世界王者となった塚本徳臣氏。

一度は頂点を極めながらも、心の不調和からどん底の状態にまで陥った氏は、苦節十五年を経て、三十七歳にして史上最年長の世界王者に返り咲いた。

氏はいかにして心身を立ち直らせ、再びその栄冠を手にしたのか。空手道一筋に歩む氏の半生に迫った。

強いだけの選手を育てても意味がない

——昨年（二〇一一）十月に行われた第十回全世界空手道選手権大会で有終の美を飾り、現在は指導者としての道を歩まれていますね。

塚本　僕は十六歳の時にフルコンタクト（直接打撃制）の試合を始めて、二十一年間、現役でやってきたわけですが、何百試合と経験していく中で、その時々の自分の心のあり方が勝敗を左右するということを確信しました。

実際、世界大会のベスト8ともなると、実力の差は殆《ほとん》どなく、そこで勝ち上がっていけるかどうかは、その人間の心次第なんです。

——ああ、心のあり方が大事だと。

塚本　はい。ですから引退したいまは、空手の技術はもちろん、空手を通じて心の持ち方や正しい心構えというものを、日々道場生たちに教えています。

——こちらの道場には現在どのくらいの方が通われているのですか。

塚本　ここでは少年部・一般部・選手クラスと、三つのクラスに分かれていて、生徒の数は全部で二百名くらいです。最近は、八王子にも道場を開設し、十名ちょっとの生徒を指導しています。

やっぱり僕としては、この塚本道場から次なる世界チャンピオンを輩出したいと思っています。

――未来のチャンピオンとして期待を寄せている選手はいますか。

塚本　もちろんいますよ。次、チャンピオンになっていくだろうなという選手や、いい素質を持っている選手もたくさんいます。

――そういう伸びてくる選手に共通している点はなんでしょうか。

塚本　まず、心が綺麗《きれい》ですね。その人の心の状態って、すべて表情や態度に出るじゃないですか。

行動一つ取っても、例えば誰かが重そうな荷物を持っていたら、相手を思いやってサッと取りに行くとか、食事をしていてお店が混んできたら、それを察知してパッと食べて出る。そういう感覚が鋭い人は伸びていきます。仮にチャンピオンになれなかったとしても、そういう選手は人間的に素晴らしいリーダーに育っていくはずです。

だから、もの凄《すご》く強くて、尚且《なおか》つ心もしっかり兼ね備えた選手を何人も育てたいですね。僕は、ただ強いだけの人間を育てても意味がないと思っています。

原動力は自分以外の誰かのために

――空手を始められたきっかけはなんだったのですか。

塚本　祖父が仏像彫りの職人だった影響もあってか、小さい頃は工作が得意で、絵描きになりたいと思っていました。そういう子って結構内気ですよね。父親がこのままじゃいじめられると思ったらしく、「空手をやれ」と。それで八歳から道場に通い始めました。

はじめはやめたくて仕方なかったんですけど、父親が怖かったのでやめられなくて（笑）。でも、続けていくうちに段々とおもしろさに気づいて、中学生くらいから真面目にやるようになりました。

中学二年の時に初めて世界大会をテレビで見ました。その頃はアンディ・フグなんかが活躍していて、日本人選手が外国人選手に負けることが多かったんです。

その四年後、高校三年生の時に長崎から東京に出てきて、世界大会を生で見ました。今回も外国人選手に優勝を持っていかれるだろうと思っていたら、ある日本人選手がどんどん勝ち上がっていくんです。

そして、その大会で優勝したのが、現・新極真会緑健児代表でした。いまでもはっきりと覚えていますが、その時、緑代表はライトが当たっているわけではないのに、まるで天の光が差し込んでいるようで、美しく見えました。その姿に衝撃を受け、自分もあの場に立ちたい。観客を沸かせたいと思うようになりました。

——そこで世界チャンピオンになろうと決意されたのですね。

塚本　先輩から「本気で世界を狙うなら、東京に行け」と言われ、日本で一番強いと称される東京の城南支部道場に入門しました。

八時から十六時までコンビニで働いて、十七時から二十三時まで練習。その後、近くの池上本門寺に行って、坂道ダッシュを十本して帰ってくるという日々でした。

そこにはチャンピオンを目指す人たちが全国各地から集まっていて、暴走族の頭《かしら》だったとか、鑑別所から出てきたとか、そういう連中がたくさんいました（笑）。だけど、そんな不良が通用する場所ではなかったですね。練習ではとにかくボコボコにやられて、強くない奴はゴミ扱い。同期の人間は一人残らずやめていきました。

——それでも続けていくことができたのはなぜですか。

塚本　ここで帰ってしまうと、塚本だったらやってくれるだろうと送り出してくれた自分という字は、自らを分けると書きます。
人生は一分一秒、こっちにしよう、
あっちにしようという選択じゃないですか。
それを楽なほうではなくて、
厳しいけど正しい方向に持って行くのが、
自分に克つということです。

友人や先輩の期待を裏切ることになってしまうと思いました。自分だけが否定されるのは構わないんですけど、長崎の人たち全員が根性なしだと思われるのは許せない。その一心でした。自分のためだけだったら、すぐに逃げ出していたと思います。

二十代にして味わった栄光と挫折

塚本　入門から二年経った頃から、大きな大会にも出させてもらえるようになり、九四年のウエイト制全日本大会でベスト4、同じ年の無差別の全日本大会でベスト8まで勝ち残りました。ただ、先輩よりも上位に行ったり、試合で同じ城南支部の先輩と当たった時に、自分なんかがこんなところまできていいのか、後輩の自分が先輩に勝ってはいけないんじゃないかという思いに駆られてしまいました。

――先輩に遠慮して、本気で勝負できなかったと。

塚本　はい。それでも全日本でベスト8に残っていたので、世界大会の出場が決まり、海外へ武者修行に行きました。そこで、たまたま『ブレイブハート』という映画を見たんです。スコットランド独立のために戦ったウィリアム・ウォレスの生涯を描いた作品ですが、自分の命を擲《なげう》って祖国のために戦う姿に、えらく感動しました。

そして、自分はこの二十年間、命を懸けて物事に取り組んだことがないと気づき、「次の世界大会は命を捨ててやろう」と心に誓いました。練習中も、「自分は命を捨てる覚悟でミット打ちをやっているか」と常に問いかけ、とにかく一心不乱に打ち込んでいきました。

大会は三日間ありましたが、初日の試合中に足の骨が折れました。三日目には手の骨も折れてしまったんですが、ここで死ぬんだからもういいと思って、がむしゃらに闘いました。そうしたら、世界大会で優勝することができたんです。

――二十一歳での世界大会優勝は史上最年少記録だそうですね。

塚本　その後も、全日本大会二連覇、ワールドカップ優勝と、連勝記録を三十七にまで伸ばしました。

ところが、雑誌に「天才」「革命児」と書かれると、実際には死ぬ気で努力したから優勝できたにもかかわらず、自分でも天才だと勘違いしてしまって。次第に「いい車に乗りたい」「女性にモテたい」という不純な動機から過剰に練習をして、倒れて入院することも度々ありました。

自分だけが傷つくならまだしも、父親が借金をして家を差し押さえられたり、弟が仕事を辞めて家出したり、妹が付き合っていた男に暴力を振るわれたりと、家族までバラバラになってしまいました。

――次々と悪いことが重なって……。

塚本　それが原因で親戚とも憎しみ合うようになりました。その後も大麻に手を出して二年間の出場停止処分を受けたりと、自分の心の不調和のせいで何もかもめちゃくちゃになってしまったんです。

世界チャンピオン塚越選手の涙

塚本　それでも僅《わず》かな支えがあって、二年後に復帰しました。

復帰後は勝ったり負けたりで、一回優勝しても連覇ができないという状態でした。そして三十二歳の時に、前年の全日本大会で優勝していたことと、年齢的なことも考え、次の世界大会で引退しようと決めました。

全力を注ごうと、伸ばしていた髪を切り、髭《ひげ》も剃《そ》りました。資金を得るために車を売り、趣味でやっていたスケボーやサーフィンもすべて捨てて、挑んだのです。

しかし、結果は七位。試合に負け、客席から試合を見ていると、いつも一緒に練習していた後輩の塚越孝行がどんどん勝っていくんですよ。その時に、「きょうの塚越、なんか違うな。どっかで見たことあるな」と思いました。

――というのは？

塚本　緑代表です。緑代表が世界大会で優勝した時と同じような輝きがあると感じたんです。そうしたら、塚越は見事に優勝しました。

たまたま僕が座っていた目の前が塚越の応援団の席だったんですが、優勝インタビューを終えた塚越がわざわざそこに来たんですよ。

そして、道場生や父兄の方、一人ひとりに対して、

「きょうは見に来ていただいて、ありがとうございました。皆さんのおかげで優勝できました」

と、泣きながら頭を下げている。塚越の謙虚な姿勢を目の当たりにして、自分にはこういう心がなかったと気づかされました。原点に立ち返り、心のあり方を勉強しようと決意したのはその時です。

反省することで我欲が取り除かれる

塚本　まずは、植芝盛平《うえしばもりへい》や藤平光一《とうへいこういち》といった合気道の達人たちの書物を読み始めました。そこから中村天風や空海を読んで、最後に辿《たど》り着いたのがお釈迦《しゃか》様でした。

――お釈迦様ですか。

塚本　それが僕の人生で一番影響を受けた本ですね。そこには、「荒行では悟りは開けない」と書いてありました。お釈迦様は、「琴《こと》の弦《げん》は締め過ぎると切れてしまう。締め方が弱いと音も悪い。琴の弦は中くらいに締めるのが丁度よい」という歌を聞いて、荒行をやめようと思ったそうです。そして、八つの行いを省察《せいさつ》していくことで、七日目にして悟りが開けたと。

――それがこちらの道場にも掲げてある「八正道《はっしょうどう》」ですね。

塚本　「正しく見、正しく思い、正しく語り、正しく仕事をし、正しく生活をし、正しく道を精進し、正しく念じ、正しく反省と瞑想《めいそう》」

例えば、道場生が遅れてきた時に、ぶん殴ってボコボコにするのはやり過ぎですけど、全《まった》く怒らないというのも愛がない。練習もやり過ぎたら怪我《けが》しますけど、足りな

過ぎても強くならないですよね。

何事にも中道、バランスが大事で、僕はこの言葉に出逢ってから、「あの時の自分の発言、行動、考え方は正しかったか」「どこがいけなかったのか」と考え、反省するようになりました。

――日々、自分の言動を反省する。

塚本　そうすることによって我欲が取り除かれていくんです。

悪い行いをしていると、心は曇《くも》ってきます。その曇りは反省をすることによって取れていくんです。そうすると太陽の光が射《さ》してきますよね。これが天の光で、それが射してくると、より正しいことが分かって、直感力が冴《さ》えるんです。

もちろん練習は人一倍、血便が出るくらいの努力をすることは当然です。一日は二十四時間と決まっていますので、人と差をつけるために、「夢の中でも練習しよう」と思い、イメージトレーニングをしながら寝たりもしました。

そのうえで日々の生活態度を謙虚に、正しい道を歩もうと、心を磨いていったら、十四年ぶりに全日本大会を二連覇できたんです。

「天地一つ」を伝えていく使命がある

塚本　その後、ボディケアの施設に行った時に、たまたま『ドリームヒーラー』という本を手に取りました。アダムという天才ヒーラーが十六歳の時に書いた本で、彼はどんな病気もエネルギーを使って治療できるというんです。その本にはこう書いてありました。

「宇宙のエネルギーを体の中に取り入れて、それがお腹を通って、足の裏から地球の真ん中と繋《つな》がるイメージを持つと、宇宙のエネルギーで治せる。私は宇宙と一つ」

これを読んだ時に、以前読んだ宮本武蔵の本の中に出てくる柳生石舟斎《やぎゅうせきしゅうさい》の話を思い出しました。

――詳しくお聞かせください。

塚本　その昔、剣豪・柳生石舟斎は「日の本には誰も俺に勝てるやつはいない」と思って、後に師匠となる上泉伊勢守《かみいずみいせのかみ》に勝負を挑むんです。しかし、あっさり負けてしまう。何度挑戦しても勝てない。その時に、上泉伊勢守は柳生石舟斎にこう言います。

「技の研鑽《けんさん》は素晴らしい。だが、あなたの心の中は己《おのれ》のみである」

「ならば、剣とはなんですか。教えてください」

上泉伊勢守は天を指さして、

「我が剣は、天地一つ」

と言うんです。初めて読んだ時は意味が分かりませんでしたけど。

――『ドリームヒーラー』を読んだ時に繋がったのですね。

塚本　そうなんです。それで次の日に、実際にやってみようと。

僕は朝、二百五十メートルダッシュを十本やるんですが、滝の水が流れ落ちるように宇宙のエネルギーが頭のてっぺんから入っているとイメージをしながら走りました。

その時既に三十七歳でしたから、いままではどれだけやっても現状維持が精いっぱい。ところが、タイムが上がりました。組手をやっても格段に動きがよくなっているんです。そして、宇宙と一つになることだけに集中すると、相手の気持ちが分かったり、次にどんな技を出そうとしているのかが読めるようになりました。

――相手の心が読める。

塚本　天地一つとはつまり、自分も相手も一つだということです。そう気づいた時に、憎しみ合っていた親戚を許そうと思ったんです。そうしたら、僕は何も言っていないのに、親戚から突然手紙が届いたり、お米を送ってくれたりしました。さらには、いままで一回も試合を見に来たことのなかった親戚が、次の世界大会にツアーを組んで見に来ると言い始めたんです。

──心一つで周囲の環境も変わっていったのですね。

塚本　僕はその時に、世界大会で絶対優勝するって思ったんです。

世界チャンピオンになって、空手を通じて「天地一つ」を伝えていくことが、僕の今後の使命だと気づきました。

──ご自身の使命に気づき、そこに無心で打ち込んでいかれたことで、実際に優勝できた。

塚本　僕がお金を稼ぎたいとか、自分がいい思いをしたいからという気持ちで試合に臨んでいたら、絶対に勝てなかったと思いますね。

だから、世界チャンピオンになろうとかそういう我欲は一切なくて、「天地一つ」を伝えるために、神様が僕を世界チャンピオンにしてくださったのだと感じています。

本物の強さとは自分に克つこと

——何かご自身の信条とされていることはありますか。

塚本　いろいろありますけど、一つには「執着《しゅうちゃく》しない」ことですね。執着とは、とどまるということです。水はとどまると濁《にご》ります。水ってたくさんのことを教えてくれるんですが、地球上の水は雨になって、川に流れて、海に行って、また雨になって……と、絶えず流れていますよね。つまり、欲がないんですよ。

——とどまらないから欲がない？

塚本　これを自分の手元に置いておきたいっていうのは欲ですよね。だから、試合においてもいい技を食らった時に、「やばい、どうしよう」って、とどまるのではなく、「別にいいや。次いこう」と。

時も流れていますし、血液だって、空気だって流れている。流れていないものはないんです。だから、あらゆるものの流れを読んで、その流れの中で行動していくことが大切だと思います。

——その時々の流れを読むと。

塚本　そうですね。ただ、短い流れだけではなくて、半年、一年、三年と、長いスパンの流れを読むことも重要になります。

例えば十月が試合だったら、もういま（六月）既に試合は始まっているんですよ。仕事もそうだと思いますけど、その時だけ頑張っても絶対に上手くいかないじゃないですか。

——平素が大事ということですね。

塚本　やはり日常の準備、その積み重ねが勝敗を分けると思います。

本物の強さは、相手に勝つことじゃない。自分に克《か》つことですよ。それはつまり、我欲を捨て去る勇気があるかどうかということです。

自分という字は、自《みず》からを分けると書きます。人生は一分一秒、こっちにしよう、あっちにしようという選択の連続じゃないですか。それを楽なほうではなくて、厳しいけど正しい方向に持っていくのが、自分に克つということです。

——自分に克ち、我欲を捨てていった先に「天地一つ」の境地があるのでしょうね。

塚本　僕自身は、天地一つに気づいて、自分が幸せになって、周りも幸せになったので、そういうことを道場に来た人や僕が接する人たちに教えていく使命があります。

その人たちも幸せになって、それが世界中に広がっていくことを願っています。

「道の場」と書いて道場ですから、ここでは空手を通じて、人の生きる道を説いていきたい。僕のやっていることは小さな一滴かもしれないですけど、その波紋はやがて世界に広がると信じて、いまは自分の与えられた使命に命を懸けていくだけです。

人生の幅と深さは自分で決める

長谷川千波《はせがわ・ちなみ》
LUNA社長

愛知県生まれ。21歳で教材販売会社中央出版入社。口下手・人見知り・人嫌いの性格が災いし、成績低迷でリストラ寸前となるも、3年目に一念発起。全国1位となり、以後全社のセールス記録を多数塗り替える。営業所長女性比率1パーセント以下という男性社会の中で、26歳で大阪支社の営業所長に抜擢。14年間にわたりマネジメントの経験を積む。平成20年に独立。著書に『人見知り社員がNo.1営業になれた私の方法』(祥伝社)がある。

男性ばかりのモーレツ営業会社でトップセールスとなり、長く営業所長を務めた長谷川千波さん。

しかし、もとはリストラ寸前の赤字社員だったという。

長谷川さんの心を変え、運命を変えた「知命と立命」の足跡と、体当たり営業から掴んだその極意をお話しいただいた。

トップセールスマンは高校中退の元赤字社員

――営業コンサルタントとしてご活躍ですが、「営業に向かない人はいないことを結果で実証する」とおっしゃっていますね。

長谷川　かつて私は男性でも心身ともにハードだといわれる中央出版で全国三千人のセールスマンのトップになった後、十四年間営業所長として在籍していました。二十六歳で所長になって以来、多くの人を見てきましたが、「口下手・人見知り・社交的でない」人でもコツを摑《つか》めば売れるように変わっていきます。成績低迷、解雇寸前で私の営業所に飛ばされてきて、後に全国トップクラスの営業マンに変わった社員もいましたから。

――所長の指導力の賜物《たまもの》ですか。

長谷川　もともと私自身が口下手、人見知り、人嫌いの性格で、全然成績をあげられないリストラ寸前の赤字社員だったんですね（笑）。だから気持ちが分かるんです。

私の場合、そもそもがお金を貯めたいという動機で就職しただけで、営業を一生の仕事にしようと思っていなかったですし。

――入社のいきさつを教えてください。

長谷川　私は愛知県のごく普通の家庭に生まれました。二つ上に姉がいるのですが、私が小学五年生の時から長期入院したんですね。両親は姉に掛かりきり。私は疎外感《そがい》を募《つの》らせ、家族と距離を置くようになって、思春期には自分の殻に閉じこもるようになりました。そうしてあまりよく考えず高校を中退し、アルバイトをして過ごしていたんです。

さすがに二十歳になると自分の将来を少しは真剣に考えるようになって、資格が欲しいなと。しかし高校を出ていないと受験資格すらないことを知り、「やっぱり学歴が必要だ」と遅ればせながら気づきました。そこで歯科助手の仕事をしながら勉強をして、高卒の資格を取ったんです。すると今度は大学に行きたいという思いが湧いてきました。

――学ぶ意欲が出てきたのですね。

長谷川　ただ、親の反対を押し切って勝手に高校を辞めたのに、いまさら「学費を出して」とは言えません。とりあえず先に学費を貯めようと。ついてはそこそこお給料のいいところで働こうと思い、求人誌で見つけたのが地元・愛知に本社のある中央出版だったのです。

中央出版はマニュアルや研修はしっかりあるのですが、いざお客様の前に出たらそのとおりにはいかないじゃないですか。門前払いをされたら覚えたトークすら使えない。ヘコんで暗い顔をして次のお客様を訪ねても、余計売れなくなる。中学生向けの教材の訪問販売の担当でしたが、一セット三十万円以上の教材を売って月平均百六十万円の売り上げをあげれば合格ラインのところ、月に三十万円が決まるかどうか。完全な赤字社員でした。

ある時、こんなこともありましたね。玄関先で奥様に教材の説明をしていたら、ご主人が出てこられて、私の鞄《かばん》や商品見本を蹴散《けち》らして「帰れ！」と。いまなら少しは闘うと思いますが（笑）、当時はもうショックで……。そういうことをされたショックと、されるような職業に就いている自分の情けなさで、涙が止まりませんでした。

「負けるのは惨めだ」一念発起を誓った夜

――そこからトップセールスになった転機を教えてください。

長谷川　きっかけって一つじゃないと思うんです。いろいろ積み重なってのことだと思いますが、物理的に大きな変化だったのは二年目に大阪に転勤になったことです。

　私の上司が新しく大阪で所長として営業所を出すことになって、チーム全員で行くことになりました。で、行ってみて思ったのは、大阪はたぶん日本で一番営業が難しい地域だなと。

——なぜですか。

長谷川　例えばお休みの日にスーパーに行くと、試食コーナーでみんな「おいしい」って食べているのに、最後には「やっぱりいらんわ」って言って帰っていく（笑）。「返報性《へんぽうせい》の原理」といって、人間には何かもらったらお返しをしないと悪いと感じる性質があり、営業の本などには「まず先に何か物をあげる」と書いてあったりするのですが、そういう小手先のテクニックは通用しない。

　だから、アポイントを取るにも言い負かされてしまうし、ご契約いただいても詰めが甘いと簡単にキャンセルになるんです。

——以前よりさらに厳しい環境に追い込まれた。

長谷川　はい。そうして大阪に移った月、私はまんまと契約ゼロだったんです。ちょ売れる人と売れない人の決定的な差は「日々の準備」だと思いますね。

売れる人は最悪のことを考えて準備してもなお「足りない」と思って、お客様を前にすると「いける！」とポジティブに思える。計画は悲観的に、実行は楽観的に、という人が結果を出しているように思います。

うどその月に近畿圏の営業所のメンバー数百名がホテルに集い、宴会を兼ねての成績優秀者表彰がありました。

表彰が終わって乾杯に入るかと思ったら、営業部長が「今月ゼロだったやつ、前に出てこい！」って。いわゆる「見せしめ」ですが、私は言われるがままに数名と一緒に壇上に上がりました。会場には愛知でお世話になった重役の方も来て、その姿を見ていたんです。

その夜、私思ったんですね。「負けるのは惨《みじ》めだ」って……。

――それで、一念発起された。

長谷川　はい。先ほども申し上げたとおり、小手先では通用しないですから、「他社より安い」「特典がある」「割引する」と言って釣るのではなく、「この商品が欲しい」と心を動かしてもらうにはどうしたらいいか。そこを真剣に考えたことが私の営業の原点です。

――具体的には、どうされたのでしょうか。

長谷川　すべてのヒントはお客様がくれているんですね。なぜ契約にならないのか、アポイントが取れないのか。逆にアポイントが取れた時はどうして取れたのか。

そこをよく分析したらあることに気づきました。「お母さん、一郎君は勉強がお好きですか？」「何言ってんのぉ、好きなら苦労してないし（笑）」「ですよねー（笑）」と、こうやって笑い合えた方とはいい結果になることが多いなと。

逆に「それを答えたから何？」みたいに冷たく言い放たれる時はアポイントを取るのも難しいから、爽やかに電話を切ろうと。「勉強が好きですか」というキラーワードが出てきたのも、お客様の反応を見てのことでした。大阪の方々は手ごわい分、懐に飛び込めば本音を出してくれました。それが大きなヒントになりました。

素のままの自分で勝負をしてはいけない

――いかに本音を引き出すかが最初のハードルなのですね。

長谷川　はい。しかし、本音に迫ろうとする分、拒絶される時は非常に手厳しい断り方をされます。だからマインドを強くしなければなりません。マインドを強くするというのは、素《す》のままの自分で勝負しないということです。

――素の自分で勝負しない？

長谷川　要するに、仮面をかぶるのです。素の私は口下手で人見知りで社交性がありません。だけどそんな営業マンと会っても、お客様はなんのメリットもないじゃないですか。「この人と話すと楽しい」とか「ためになる」と感じてもらえる自分にならないと。だからお客様の前に出る時は「会って楽しい長谷川千波」のスイッチをONにするわけです。

――演じるということですか。

長谷川　はい。演劇には台本があり、舞台前には何度も稽古《けいこ》をしますよね。我々営業も一緒で、営業スクリプト（台本）を何度も書き換えるし、仲間同士でロール・プレーイングを繰り返して、自分の営業をつくり込んでいくのです。

よく「営業向き」とか「持って生まれた営業センス」とかいいますが、そんなものはないんですね。

いま企業はダントツで「コミュニケーション能力のある人」を求めているといいます。ただ、学生時代に友達がたくさんいて「コミュニケーション能力がある」と自負していて、面接をした人事部も「トリプルA」として採用した人が営業ができるかというと、必ずしもそうではない。むしろ早々に辞めてしまう人が多いんです。

――なぜでしょう？

長谷川　いろいろな人を見てきて分かったのは、人と仲良くなったり会話を楽しませたりすることと、お客様の心を購買へと動かすことは、違うコミュニケーション能力なのです。だから、「自分は会話術に長《た》けている」と自信を持って営業に出た新人が、生まれて初めて厳しい拒絶をされて心が折れてしまうケースが多い。

逆に少し口下手だったりコミュニケーション能力が高くない方でも、熱心に勉強されて生き残る人もたくさんいます。だから、どんな人であっても、職業人としての仮面がかぶれるまでに鍛えないといけないということです。

これは芸人さんでも同じだそうですよ。

――というのは？

長谷川　吉本興業で横山やすしさんのマネジャーをされていた大谷由里子さんから教えていただいた話ですが、仲間内でおもしろい人は「あんた、吉本に行ったらいいんちゃう？」と言われて来るんだけれど、大したことないと。それよりも、素はおもしろくないけれど懸命に漫才の台本をつくり込んだり、アドリブ用の台本をつくって覚えたり、ビデオで撮って見直して、「ここは削る」「ここは膨らます」と、つくり込んでいく人は生き残っていくそうです。

営業も全《まった》く同じで、お客様の前で何気なくやっていい言動は一つもありません。むしろ、練習していない下手な説明を聞くのは、お客様も苦痛です。どんな職業も、素のままで結果を出せる仕事はないと思います。

計画はネガティブに実行はポジティブに

——他に長谷川さんが心掛けていたのはどんなことですか。

長谷川　先入観を持たないこと。「この人、怖そう」とか、あるいは「この家は三十万円の教材は買わないだろう」と自分で決めないこと。これを私の上司は「ヘッドアップするな」と言っていました。

「ゴルフをなさる方なら分かると思いますが、スイングの時、ボールではなく飛ばしたい方向を見てしまい、頭が上がってボールの上をかすってしまうと。

それを営業に置き換えると、「結果を気にしすぎず、いまやるべきことに集中す

る」ということです。例えば、クロージングを先延ばしにするのは、契約を迫ってお客様にきつく断られたくない、関係を壊したくないと思うからですよね。でも、その答えはお客様しか分からない。むしろ、遠回しに話して「この人、何が目的で来たんだろう」と思われるほうが、ダメな結果になることが多いんです。

――タイミングの見極めが大切ですね。

長谷川　かくいう私も口下手、人見知りで臆病者ですから（笑）、プレゼン資料ファイルをめくっていき、価格表を開くと契約書も自然と出てくるという流れにしました。それをサッと横に置いて、価格の説明をすると。当然契約書がお客様の視界に入りますから、言葉で迫らなくても、こちらの意思は伝わるわけです。

するとさっきまで「ふーん」と聞いていたお客様も、「このままだと契約に進んでいく」と思って、「いや、こんなに高いと思わなかった」「うちの子は続かない性格だから、やる気がなくなったらどうするのか」と本音を出してくる。その感情を丁寧にケアしていくと契約へ近づいていきます。

もちろん、それまで全く購買意欲を上げられなかったお客様には「契約なんかしないわよ！」とピシャリと断られますが、それはこちら側の進め方が下手だったんだなと反省して、次の改善にも繋《つな》がりますし。

――ご自身の好不調の波はどのように調整されていましたか。

長谷川　毎日絶対に数字から目を離さないことです。営業は目標を達成するのが仕事ですから、「達成できるかどうか」を議論の俎上《そじょう》に載せてはいけません。「いつまでにどの方法で達成するか」に集中して検討するわけです。

そうして日々数字を見ていくわけですが、低迷すると数字から逃げたくなるんですね。それでも逃げないで向き合っていくと、数字が教えてくれるんです。契約数だけが減っているのではなく、アポイント数、アポ取りの電話の数なども減っていて、スランプは決して自然現象でないことが分かります。だから逆に、「あ、最近減ってきたな」と思ったら行動量を増やすことでどん底に落ちる前に対策もとれます。

また、ロール・プレーイングをすることで、好調の自分を知っている仲間から「きょうは〝お時間をください〟と言うべきところを、〝お時間をいただいてもよろしいでしょうか〟とお伺い口調になっているよ」などと指摘を受けて気づくこともあります。

――日々の積み重ねがコンスタントに成果をあげるコツなのですね。

長谷川　売れる人と売れない人の決定的な差は「日々の準備」だと思いますね。売れない人は準備や計画段階では凄くポジティブで「どうにかなるさ」と思っているのに、いざお客様を前にすると「売れる気がしない」とネガティブになる。逆に売れる人は最悪のことを考えて準備してもなお「足りない」と思って、お客様を前にすると「いける！」とポジティブに思える。計画は悲観的に、実行は楽観的に、という人が結果を出しているように思います。

私はこれまで与えてきただろうか

――そうして三年目に全国一位になられ、二十六歳の若さで営業所長に。今度は人を指導する立場になられました。

長谷川　ダメマネジャーだった時期のほうが長かったんです。とにかく、女性所長としてのロールモデルがなかったこともあり、遠回りした時間が長かったですね。

男性の先輩営業所長にどうやって社員を元気づけたり、やる気にさせているのかと聞いても、「おネエちゃんのいる店に飲みに行って、ガス抜きすりゃいい」って。それは私は無理ですから、性別を超えたマネジメント方法を知りたかったのですが、上手くいかず、「自分はトップ営業マン」と思って高くしていた鼻を、見事にへし折られましたね。

――人を育て、生かすことを覚えられたのはいつ頃ですか。

長谷川　転機は所長になって三年目の頃ですね。当時は京都の所長として大学受験教材の販売をしていましたが、同じ頃、母が末期の大腸がんだと分かったのです。

業績が悪くてなかなか京都を離れることもできず、母を見舞えるのは月に一回、本社で所長会議がある時だけ。看病は父と姉に任せきりでした。

その年の三月に訪ねた時は、いよいよ痩《や》せ細ってきて、モルヒネ治療も始まっていました。一方で三月は年度決算があったり新入社員を迎える準備もあって、仕事もいつも以上に忙しかった。それを察したのでしょう、母は「大丈夫だから、もう行きなさい」って。「うん、分かった。お母さんごめんね。もう帰るね」。そう言って部屋を出ようとした時、母は「気をつけてやりなさいね」と。これが最期の言葉でした。

母はね、私が若い時は「真面目な友達と付き合え」とか「平凡に結婚しろ」と求めることが多かったけれど、でもやっぱりずっと親としての愛を与えてくれていたんだなって気づかされました。私が業績が悪くても、出世なんてしなくても、健康でいてくれればいいと思っていたんだって……。

それで、思ったんです。私は職場では所長という、言ってみれば一緒に働いている人たちにとって親のような存在じゃないかって。それなのに「契約を取ってきてほしい」「売り上げをあげてほしい」と求めてばかりで、働きやすい環境を与える努力はしてきただろうか、彼らが悩んでいる時、困っている時に手を差し伸べてきたのだろうかと自分を省みたんです。

――最期にお母様は〝気づき〟という大きなプレゼントを残していかれたのですね。

長谷川　はい。その後、私は教材事業から当時始まったばかりの通信事業部の代理店という、いわば会社の中では傍流《ぼうりゅう》に飛ばされ、そこに解雇寸前の低迷社員たちが回されて来るようになりました。

所長もダメ、社員もダメ。要するにどん底営業所ですよ。でも、そこで私は「もっと〝与える〟ことにエネルギーを使おう」と心に誓ったのです。そうして社員に接していったら、人が育ち、業績もあがっていきました。

その後、いくつかの事業所を経て、優勝チームを率いて所長表彰を受けるまでになれました。

――心の持ち方次第で運命は大きく変わるのですね。

長谷川　そのとおりですね。

母は五十四歳の若さで逝きました。日本人の平均寿命からしたら、あと三十年くらい生きてもいいと思うのですが、私だって明日の命の保証はありません。人生の長さは誰にも決められないけれど、人生の幅や深さはその人の心の持ち方で決められると思うんですよ。

違う人間に生まれ変わることはできないけれど、知命と立命とによって人生を変えることはできます。

営業という仕事は、数ある職業の中でも「お客様の心が変わる瞬間」にライブで立ち会える仕事で、私はそこにやりがいを感じます。いまはコンサルタントとして、顧問先の方々や、私の講演または著作を通して、多くの方の心にささやかでも影響を与えられる人間でありたいと思っています。

日々感謝
日々感動

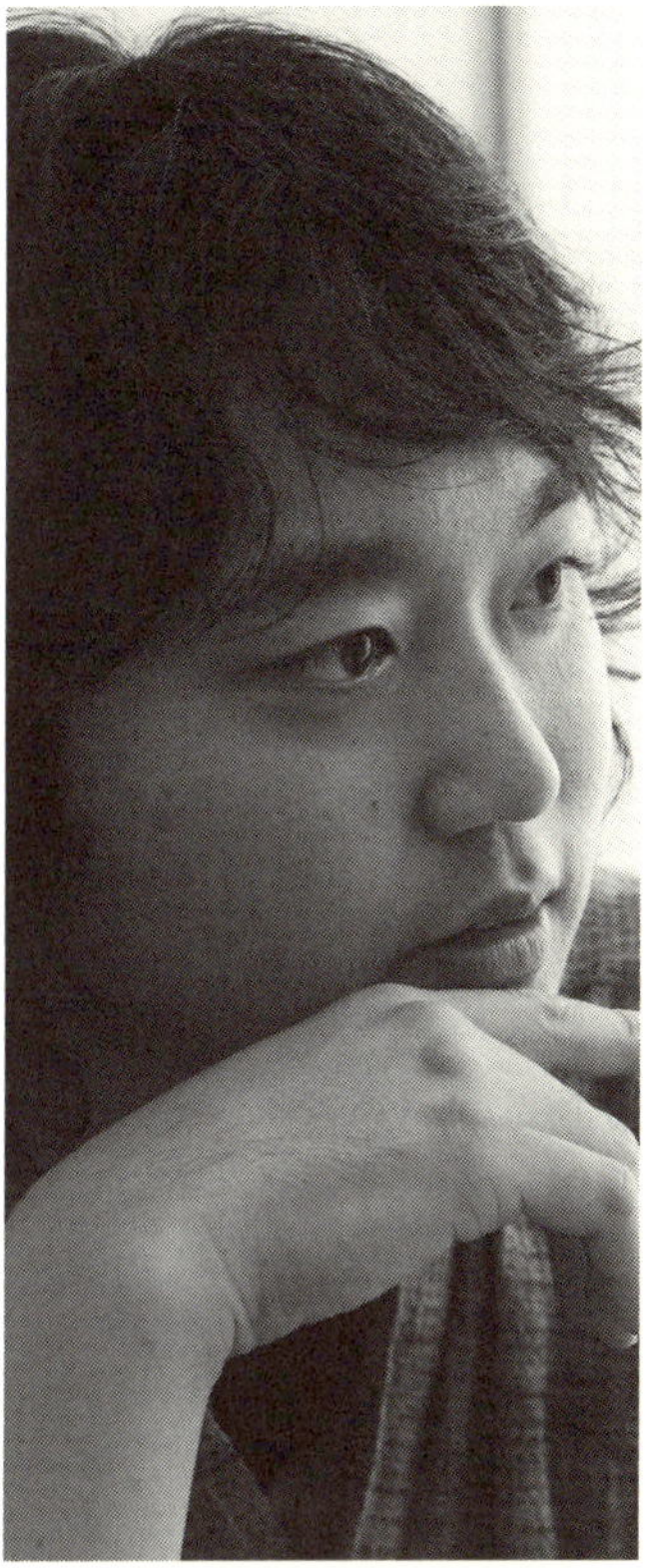

書道家
武田双雲《たけだ・そううん》

昭和50年熊本県生まれ。東京理科大学理工学部卒業。3歳より書道家である母・武田双葉に師事し、書の道を歩む。大学卒業後、NTT入社。約2年半の勤務を経て書道家として独立。様々なアーティストとのコラボレーション、斬新な個展など、独自の創作活動で注目を集める。平成21年のNHK大河ドラマ『天地人』の題字も揮毫。『「書」を書く愉しみ』(光文社)『武田双雲にダマされろ』(主婦の友社)など著書多数。

大河ドラマ『天地人』の題字などを揮毫するほか、斬新な個展やイベントを次々と企画し、いま最も注目される若手書道家・武田双雲氏。既存の枠に捉われないその発想や力強い書はどのようにして生まれてくるのか。湘南にあるアトリエでお話を伺った。

創作の源泉は「感謝、感動、感性」

――大河ドラマ『天地人』の題字など、武田さんの書にはどれも凄《すご》いエネルギーが感じられますね。

武田　ありがとうございます。僕もやっぱりエネルギーというものを凄く大事にしていて、書の技術以上に、作品の根幹をなすものだと考えています。

――そのエネルギーはご自身の中から湧き上がってくるのですか。

武田　いえ、中から湧き上がるというよりも、外部から入ってきて、それが自分というフィルターを通して、いかに大循環を起こすかということだと思います。そして、その源泉となるのが「感謝、感動、感性」の三つの要素です。

だから、とにかく何にでも感動しちゃうこと。例えば、ただの「顔を洗う」という行為でも、感動しようと僕はいつも思っているし、ただご飯を食べない、ただ布団から起きない、ただ子供と接しない、ただ電車に乗らないといったように、常に意識していつも感動するような心構えでいます。

ご飯を食べる時は必ず目をつむって食べるし、お風呂に入る時はそのお湯の感触を味わったり、水の循環をイメージしたり。顔を洗う時も、顔を洗えていることへの幸せを噛《か》み締めるようにしています。きょうという日をどれだけ深く味わうかということですね。

――毎日のことであっても新鮮に感じられるのですか？

武田　新鮮に感じるように心掛けないと、ただの行為になってしまいますので。当たり前のことをいかにおもしろく、感動、感謝できるかということはかなり意識しながら四六時中生きています。

――二〇一〇年から書道塾を主宰しておられるそうですが、どんな指導をされているのですか。

武田　僕は、教えるというのが嫌いだから、こちら側から何かを指示することはほとんどありません。例えば「心身ともに健康であるための秘訣を教えてください」と皆に書いてもらうとする。百人いたら百通りの答えが出てくるので、僕が「そのためにはこうすべきだ」と言うよりも、遥《はる》かに多くの知恵が集まります。

――思いがけない発見もあったり。

武田　そう、全《まった》く思いもよらなかった、そういう視点もあるんだとか。すべての人や物事から学ぼうとしますので、それはないよと思うような意見でも、もしかしたら自分の考えが狭かったのかもと思うようにしています。分かったつもりにならない。知ったつもりにならない。常に何も知らないという状態でいようと心掛けています。

五十歳までに一億人以上の人生を変える

——昔から書道家を志しておられたのですか。

武田　いえ、書道は、書道家だった母に教わりながら三歳の時に始めたんですが、将来はプロになろうなんて考えはまったくなく、数ある習い事の一つといった程度でした。

長男でのんびり屋だったせいか、親の言われるままにずっとやってきて、大学に入った時も、一般企業に就職した時も、特別何も考えていませんでした。

——会社にはどれくらいの間、勤められたのですか。

武田　約三年半です。

——退職をされたのはなぜですか。

武田　まず、母の書いた書に感動したんです。久々に帰省した時に、「飛翔《ひしょう》」という書を見て鳥肌が立って。いままでも見てきたはずだったんですが、書ってこんなにカッコよかったんだと。社会に出ていろいろなことを経験し、初めて客観的に書というものを見られたのかもしれません。でもそれで書道家になろうとは思いもせず、会社に戻ってまた働き出しました。

そんなある時、先輩がやってきて「名刺に筆で字を書いてほしい」と言うんです。少し前から、僕の字がうまいというのが社内でバレ始めていたんですね（笑）。いいですよ、と書いて渡したら、それが社内中の噂《うわさ》になって。書くたびに皆が「カッコイイ」と言ってくれて、その喜んでくれる姿があまりにも嬉《うれ》しくて、これでいっちゃおうかな、と思って会社を飛び出しちゃったんです（笑）。

——それはまた思い切った行動を。

武田　とにかくもっとこれで人を喜ばせたい、という一心でした。

それで最初に夢を持とうと思ったんですが、やっぱりできるだけ多くの人を喜ばせたいなと。じゃあどれくらい？　と考えた時に、約六十億いる世界の人口のうち、五十歳までに一億人以上の人生を変えると決めたんです。

おもしろくも何ともないと思われる何気ない日常を、瞬間瞬間どれだけおもしろいと感じられるか。日々太陽が昇ることをありがたいと感じるか、感じないのか。いま吹いてきたこの風をおもしろいと思うのか、思わないのか。

そういう意識で瞬間瞬間を生きることが、一生青春であり、一生修養だろうと思うんです。

――壮大な夢ですね。

武田　でもまず何をやっていいか分からないし、練習している時間がもったいないから、外で書こうと思ってストリートに出たんです。

最初はやっぱり人が来てくれない。集まってきたとしても、誰も何も反応してくれない。そこで、ちょっと諦《あきら》めたというか、力を抜いたわけです。そして地べたに座りながら人間ウオッチングをしていたら、皆の悲しそうな表情とかが見えてきて、道行く人々に興味が湧いてきたわけです。

つまりそれまでは、周りのことにまったく興味がなかったわけですね。自分のことばかり考えて、こっちへ来い、こっちへ来い……みたいな（笑）。相手のことを全く見ていなかった。それが見られるようになってきてから、不思議と人が集まってくるようになりました。

こちらのあり方次第ですべてが変わる

武田　でも最初はまたエゴが出て、評価されたい、認められたいという気持ちがあるから、何のリアクションも返ってこない。それで、これじゃいかん、相手のことをもっと知らなきゃと思って、人の話を聞き始めたんですね。

するとー時間近く仕事のグチを言う人もいたし、自分の身の上話を延々とし始める人もいて、人って、心の内に秘めている、伝えたいことがやっぱりあるんだなと思いました。そして、いろいろと話をして、お互いの心が繋《つな》がった後に書を書くと、皆が感動してくれたんですよね。

で、この発見が大きかった。同じストリートでも、こっちの気持ち次第、こっちのあり方次第で、こんなに人の反応は変わるんだと。それは僕にとって途轍《とてつ》もなく大きな発見であり、コペルニクス的大転回でした。自分がうまい字や、凄い字を書きたいという心じゃダメなんだと。つまりそれは評価を求めているということでしょう。

こういうものを書いたらどう見られる、ということばかり考えているうちは、人を感動させられない。相手のことに好奇心を持って、その人を心から喜ばせたいとか、悲しみを取り除いてあげたいといった気持ちがあって、初めて書は人に感動を与えられるものである。

ということは、こっちが世界中の人々の心に関心を寄せていけば、向こうが僕を手《た》繰《ぐ》り寄せてくれるんじゃないかと思ったんです。

――あぁ、なるほど。

武田　それと、もう一つ大きな気づきがあったんですよ。僕の書を見てくれた人の中で、泣き出す人が出てきたんです。そしてその数は日増しに多くなっていった。

その時に僕は、これは自分が感動させているわけじゃない、ということに気づいたんです。その人の溢《あふ》れ出そうになっていた感情のスイッチを、僕の書がたまたまポンと押しただけじゃないか、と。

ちっぽけな自分が一億の人々を感動させるのは難しい。でもそういうことだったら、いけるんじゃないか。こっちの心のあり方次第、行動の仕方次第によっては。

――大きな発見でしたね。

武田　いま僕の話したことを聞いて何かを感じた方は、ぜひ実践してみるといいと思うんです。こっちの言葉の選び方一つ、態度一つで相手の態度が変わりますから。そしてすべては自分のあり方次第であることに気がつく。

でもいくら気づいても、実践を繰り返さないと、細胞の中にまで染み込んで、体質化していかないんですね。

だから僕はテレビに出る時も、自分がどう見られているかという意識を、できるだけゼロに近づける。後でどう評価されるかという意識で話をしていたら、言葉って全然伝わらないと思うんですよ。

そうやって、書だけでなく、すべてが自分の作品である、ということに気づけたこともまた大きかった。しゃべることや書くこと、つまり生き様そのものが僕の作品なんだと気づいた時から書の世界だけにこだわらなくなりましたね。

気を清めることがよい書に繋がる

――書の技術はどうやって磨いてこられたのですか。

武田　数です。それ以外に、近道はないんじゃないですか。そして自分の書のダメな部分はダメと素直に認め、認めることでまた練習しようという気持ちになる。

それから人の書をたくさん見ることだと思います。それも書家の書だけじゃなく、好奇心を持ってあらゆる人の書を見る。自分の書や人の書はよく見ているようで実は見えていないので、とにかく「よく観《み》ること」が、書くこと以上に大切な技術の根幹だと思っています。

――ほかによい書を書くための心得などがあれば教えてください。

武田　やはり気を清めることだと思います。相手にとっていかに心地よいエネルギーになるか。書道って、そもそもコミュニケーションの手段ですから。

要するにお互いのエネルギー交換のツールですよね。だからこちらが気を高め、訓練していく以外にない。日々感謝、感動し、感性を磨いていくことで、より相手の立場に立とうとする思いが強くなるから、もっと読みやすい書を書こうとか、人を元気づける書を書こうという気になってそれがよい書に繋がっていくんだと思います。

――根本はやはり、感謝、感動、感性ですね。

武田　そう。そしてこの感謝、感動は、インプットをすることなんですね。それが溜《た》まってくると、自然と外へ出ていくものだと思うんです。技術はそれを放出するパイプのようなもので、技術が高まるほど、よい花となって咲いていく。感謝、感動が種まきだとすれば、美しい花を咲かせるのは技術だと思うんです。

――その感謝、感動の種を見つけるのも、意識の持ち方次第ですね。

武田　はい。意識を向けるだけで、日々数限りなく、何かを発見できるようになりま

す。どの国やどの時代に生まれようが、実力があろうがなかろうが、感謝、感動は誰にでもできますからね。

でもこの一番シンプルで一番簡単なはずのことを、僕も含めて多くの人ができていません。時間がかかるし、目に見えないし、誰かが数えているわけでもない。自分でチェックして心掛けていくしか方法はありません。

感謝力と感動力は鍛錬で身につく

武田　テレビや雑誌に頻繁に出るようになってから「慢心してしまうようなことはありませんか」と聞かれたりするんですが、僕に関してはまったくないですね。それは、成功とか失敗といったものを意識していないからじゃないでしょうか。独立した十年前と比べて何が違うかといったら、感謝力と感動力が増えているだけで。

——増えているんですか。

武田　確実に増えています。筋肉のように。

——どうやって身につくのですか。

武田　日々「感謝しよう」と心掛けるだけで、十年たったら、それが確実にうまくなってきます。

最初のうちは思うように書けない書でも、十年やれば自然と体が動くのと一緒で、何も意識せずに感謝と感動ができるようになる。例えばコンビニへ行っても、このフロアマットは誰がこんなにきれいにしているんだとか、バイトのお兄さんの人生とか、レジスターの歴史とか、商品陳列の工夫だとか、想像するだけでも、数限りないドラマがありますよね。

でも、初めは無理やりにでも、ありがたいとか、うわ、すげえな、と思うことを発見していかないと、なかなか身につかない。だから慢心している暇がないですよ（笑）。一瞬一瞬忙しいんだもん。

――まさに一生青春、一生修養の日々ですね。

武田　その言葉どおりです。要するに、おもしろくも何ともないと思われる何気ない日常を、瞬間瞬間どれだけおもしろいと感じられるか。日々太陽が昇ることをありがたいと感じるのか、感じないのか。いま吹いてきたこの風をおもしろいと思うのか、思わないのか。

だから最初にも申し上げたように、普通に顔を洗わない、普通にご飯を食べない。普通に布団から起きない。普通に家族と接しない。普通に自分と対話をしない。ただそれだけのことですよね。そういう意識で瞬間瞬間を生きることが、一生青春であり、一生修養だろうと思うんです。もっともっと感謝力と感動力を高めたいと思うから、これからもずっと日々修養です。

限りなき料理の道を極め続ける

岸田周三《きしだ・しゅうぞう》
レストラン　カンテサンスシェフ

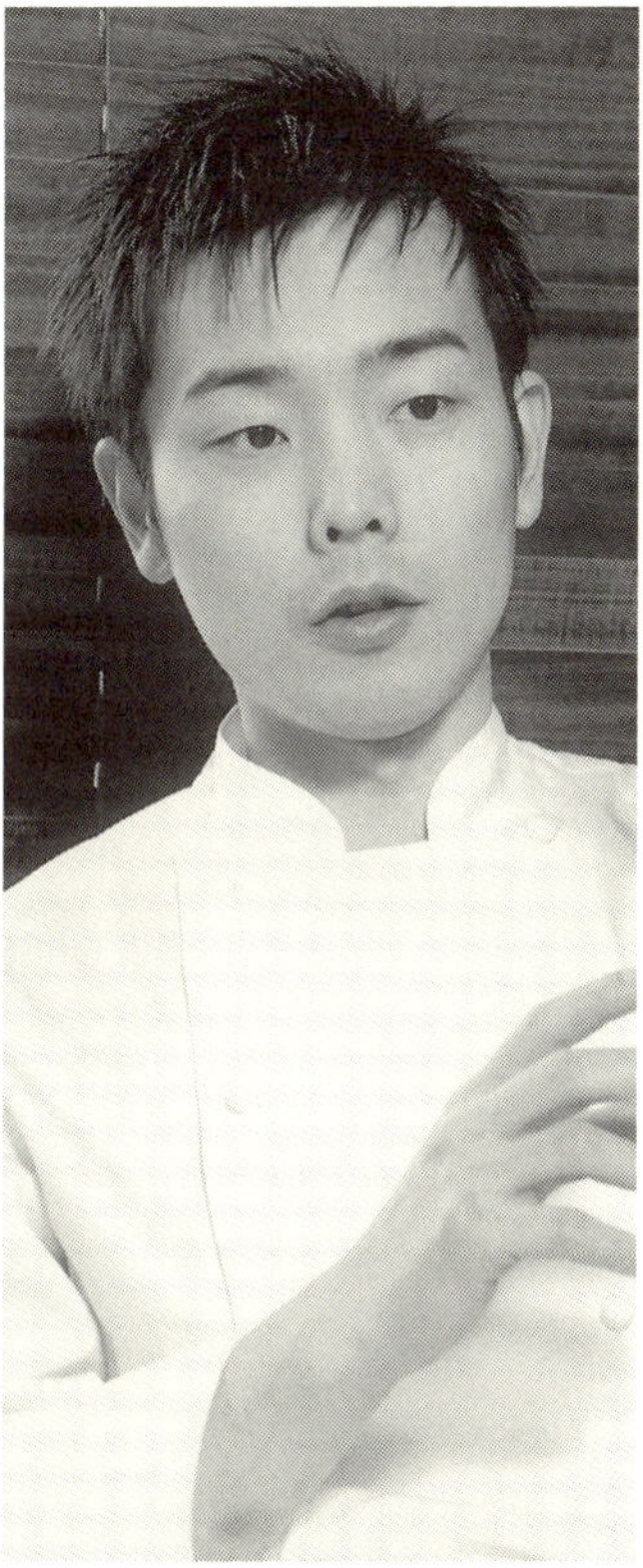

昭和 49 年愛知県生まれ。三重県の志摩観光ホテルや東京のフランス料理店に勤務後渡仏。複数のレストランで修業する。後に三ツ星の「アストランス」シェフのパスカル・バルボに師事し、シェフに次ぐポジションに。平成 17 年に帰国し、東京・白金台にレストラン「カンテサンス」を立ち上げる。19年『ミシュランガイド東京』で、日本人最年少の三ツ星を獲得。

二〇〇七年、三十三歳の日本人シェフが料理界の最高峰とされる三ツ星を獲得した。岸田周三さんだ。

岸田さんは修業時代から高い意識と情熱、人並み外れた行動力で常に新しい道を切り開いてきた。

人生を料理だけに捧げたその不撓不屈の歩みに迫る。

三十三歳で三ツ星シェフに

――岸田さんはフランス料理の世界で日本人初の三ツ星を獲得されましたね。しかも三十三歳という若さで料理界の最高峰に立たれたわけです。

岸田　ありがとうございます。現在のレストラン「カンテサンス」を開店したのは二〇〇六年五月ですから、その一年半後の『ミシュランガイド東京２００８』の発刊記念の場で三ツ星をいただくことができました。

僕のレストランは、かつて修業させていただいたパリの三ツ星レストラン「アストランス」の流れを汲《く》んでいます。一言で言うとプロデュイ（素材）、キュイソン（火入れ）、アゼゾネ（味付け）の三つを徹底的に追求しているんですね。三ツ星をいただけたのは、これらが総合的に評価されたのだと思っています。

――他にはないこだわりをお持ちなのですか。

岸田　フランス料理といってまず思い浮かべるのは、濃厚なソースですね。フランス料理ができた百年前、二百年前はまだ新鮮な食材が手に入らない時代でしたから、そういう味付けが一般的でした。ところが一九九〇年代に入ると、「キュイジーヌ・コンテンポレーヌ」という新しい潮流が生まれました。これはソースを減らし、火入れとシンプルな味付けで素材本来の味を楽しもうというもので、「アストランス」も僕のレストランもその流れの中にあるんです。

――素材の持ち味を生かす？

岸田　はい。僕は例えば肉を焼くのでも、すぐに火にかけることはしません。肉の種類や大きさによっても異なりますが、まず二百四十度に熱したオーブンで一分間焼き、五分間休ませ、余熱で肉に火を入れる。そして再びオーブンで一分間焼き、五分間休ませる。これを二時間半繰り返します。すると芯まで火が通ったみずみずしい肉に焼き上がる。これは僕の「火入れ」のこだわりです。

――伝統的なフランス料理に新風を吹き込んでいらっしゃるのですね。

岸田　伝統はもちろん大事だと思っています。しかし、いつまでも百年前、二百年前のやり方に固執してばかりではいけないんですね。その時代、その時代に合うように成長しなくてはいけない、だから僕の料理も、十年後にはもっとおいしくなっていないといけない。そう自分に言い聞かせながら毎日研究を重ねているところです。

退路を断ち新しい環境に挑戦

――子供の頃から料理に興味をお持ちだったのですか。

岸田　母が料理好きでしたから、いつの間にか調理を手伝うようになっていましたね。高校卒業後は迷わず料理の世界に入りまして、最初に修業させていただいたのが、三重の志摩観光ホテル「ラ・メール」でした。有名な高橋忠之シェフの下で、四年間学ばせていただきました。

――高橋シェフからは、どういうことを教わられましたか。

岸田　いろいろな言葉をいただいたんですけど、「三十歳までに料理長になりなさいよ」と繰り返し僕たちにおっしゃっていたのを覚えています。実際、シェフご自身も三十歳までに料理長になった方なんですね。この一言に僕は大きな刺激を受けまして、三十歳から逆算して自分の目標を設定したんです。三十歳でシェフになるには二十六歳でパリに行く。二十六歳でパリに行くには二十四歳から語学を勉強する……。

――ああ、その頃から将来はパリで修業しようと。

岸田　そうですね。「ラ・メール」では三重の特産である伊勢エビやアワビを食材に使ったフレンチがお客様に大変人気があるのですが、僕はもっとベーシックなフレンチを追求してみたいと思うようになっていました。ただ一気にフランスには行けないので、まずは日本で、と考えたんです。休みのたびに上京し、東京のフレンチレストランの料理を食べ歩くようになりました。

――自費で。

岸田　はい。ある時、僕が理想とした伝統的なフレンチの店に出合い、食事を終えたその場で「ここで働かせてください」とお願いしたことがあります。もちろん、あっさり断られてしまいましたが、何度もその店のシェフに電話をしたら、「二か月後に欠員が出るのでその時になったら面接してもいい」と。僕が三重のホテルに「二か月後に辞めます」と伝えたのは、この返事を聞いてすぐでした。

――採用が決まってもいない段階で辞表を出されたのですか。

岸田　面接日には荷物をまとめ、引っ越し業者の方に「住所は覚えていないので、明日連絡する」と伝えました。

――あえて退路を断たれた。

岸田　やはり決意を貫くには自分をとことん追い込むことが大切だと思います。「い

新しい料理のアイデアが生まれずに
悶々とすることもたびたびですが、
そういう時に折れることなく、
壁を乗り越えさせるのはやはりプロ意識でしょうね。
高いモチベーションと強い情熱を
維持することと言ってもいいかもしれません。

つかあんなことをしたい」という漠然としたイメージだけでは、いつまでたっても進展はないわけです。大きな目標を持つと同時に、ではその目標達成のために何をするかという一歩先、二歩先のことが明確にイメージできるようにすることが必要なんじゃないかって思いますね。

ただ、東京での修業は僕の人生の中で一番大変な時代でした。ホテルで二百人、三百人のお客様を相手にしていた頃から、いきなり二十四席の小さなレストランに移ったわけで、そうなるとお客様の満足、不満足がダイレクトにこちらに伝わるんですね。規模が小さい分、オーナーシェフも売り上げを上げるのに必死でしたし、仕事の量も桁《けた》違いに多い。

僕もまだ若かったので、精神的にまいりそうにもなりました。それくらいハードだったんですが、見方を変えればプロ意識というものを植え付けられた時期でもあったんですね。いま思うと、凄《すご》くいい経験をしたと思っています。

料理人はロボットではない

――フランスに行かれたのは？

岸田　二十六歳の時です。日本でフランス料理の基礎を学んだ後は本場フランスで三年間修業し、三十歳までには料理長になろうと考えていましたから。

――伝手《つて》はあったのですか。

岸田　あったのは夢と僅《わず》かな貯金だけでした（笑）。パリに飛んだ時は宿泊先もまだ決まっていなかったんです。一か月間は一泊二千円の安宿に泊まり、安い食パンをかじりながら、もっぱら仕事を探し回る毎日でした。生活費も切り詰めるだけ切り詰めました。一か月後、ようやく直談判で小さなレストランで働かせてもらうことになり、約二年間は、一ツ星から三ツ星まで四つの店で修業を重ねたんです。

そんな時、パリで人気のレストランに入って料理を口にしたのですが、その時の衝撃は生涯忘れられないものでした。フレンチ独特の濃厚なソースによる味付けではなく、食材のよさが最大限に生かされていたんです。その店は当時はまだ一ツ星でしたが、僕は自分が本当においしいと思える料理を探求したいと思ったんです。

――その店が「アストランス」だったのですか。

岸田　ええ。シェフの名はパスカル・バルボと言います。僕はすぐにこの店で働きたいとパスカルに頼み込み、見習い以下の二か月限定の研修生として仕事をさせてもらいました。

――研修生として。

岸田　研修生から正社員に採用される人などまずいません。採用されるには、力の差を見せつける以外にありませんでした。それで掃除などの雑用を完璧にこなした上で、朝早く出勤してシェフの仕事ぶりを観察しながら、「この仕事をしてもいいですか」と積極的に手伝うようになったんです。

――実力は認められましたか。

岸田　二か月ほどした頃、パスカルは初めて僕に魚料理を任せてくれました。それまでフランスの三ツ星レストランで働いた経験もありましたから、僕なりに自信はあったんです。ところが僕がつくった魚料理を口にしたパスカルは「客には出せない」と言って、それを僕の目の前で捨てたんですね。

――ショックだったでしょう。

岸田　プライドを叩《たた》き潰《つぶ》されたというのか、あまりに辛くてアパートに帰ってからも眠れない毎日が続きました。

二週間ほどたってからだったと思います。僕が魚を焼こうとしていたら、パスカルはその魚を取り上げて自分で焼いて見せたんです。食べてみて、その味のよさに驚きました。まるで別次元のおいしさでしたから。

なぜそんなにおいしかったかというと、彼は食材の一つひとつを丹念に研究していたんですね。肉一つ取っても水分量や厚さによって火加減を微妙に調整していた。彼が言った「素材と対話しろ」「料理人はロボットではない」という言葉は、シェフの心得としていまも大切にしています。

――目から鱗《うろこ》でしたね。

岸田　そのとおりです。その日以来、僕は週末になると市場に通い、また休日には精肉店で働いて、肉や魚、野菜の状態が毎日どのように変わるかを観察し、それを料理に応用し続けました。

気がつくと、八か月目に副料理長であるスーシェフに抜擢《ばってき》されていたんです。僕が入って三年後に「アストランス」は一ツ星から二ツ星になり（現在は三ツ星）、二〇〇五年にはスペインで開かれた、料理界で最も権威があるガルシア・サントス主催の学会で、パスカルと一緒にデモンストレーションを披露したこともありました。

――フランス料理界で名を馳《は》せるまでになられたのですね。

岸田　僕はパスカルから「この仕事をしてほしい」と言われた時に、「できます」と言い切れる準備をしていました。チャンスはたくさん転がっているものですが、それを摑《つか》み取るには日頃の準備が必要なのだと思います。

――帰国を決意されたのはなぜですか。

岸田　パスカルと一緒に店を大きくするか、それとも日本に帰って店を開くか、随分悩みました。パスカルの反対を押し切って帰国したのは、日本の食材を使って日本で新しいフレンチを生み出したいと考えたからなんです。帰国して四か月後に「カンテサンス」を立ち上げました。三十二歳になっていて、当初の目標よりも遅れましたが、十分な実力もないまま三十歳にこだわって帰国していたら、きっと後悔していたでしょうね。

プロ意識が困難を乗り越えさせる

――お話をお聞きしていると、岸田さんの歩みは、まさに挑戦の連続ですね。

岸田　フランスに行くにしろ、店をオープンするにしろ、それなりに労力や資金が必要になったり、いろいろな制約や壁が立ちはだかるわけですね。しかし、それは結局、その人の意志の問題で、やろうと思ったら明日にでもできることばかりなんです。フランスに行こうと思ったらチケット一枚買えば済むだけの話ですから。

僕がなぜそれをやれたかというと、自分の通過点を設定していたからだと思います。三十歳までに料理長になるための一つひとつのステップを設定していると、目標に全然達していないと分かる。なんとか課題を克服しようという決意さえあれば、行動が生まれ道は開けていくように思います。

それから、こんなシェフになりたいと思える何人もの師の下で働けたのは、本当に幸運なことでした。師に近づきたいという目標があったことも、新しいことに挑戦していく大きな原動力でした。

――スタッフをまとめる上で何を心掛けておられますか。

岸田　キッチンスタッフは僕を含めて六名ですが、僕が六人いるよりも、一人ひとりがそれぞれの持ち場で役割を自覚し、プロフェッショナルになってもらうほうが、より大きな力が発揮できると考えています。皆、僕にはないよさを持っていますから。

スタッフの高いモチベーションと一体感を維持するには、職場の雰囲気はとても大切なんですね。雰囲気が悪いと、せっかく高いモチベーションを持っている人が入ってきても「頑張ってもしょうがない」という気持ちになってしまいます。その意味でも上に立つ人間の責任はとても重い。僕自身、僕を育ててくれた師に少しでも近づけるよう努力して、働きやすい雰囲気をつくっていきたいと思っているところです。

――若いスタッフの皆さんとともに、これからも挑戦を続けられるのですね。

岸田　大きな目標は大事ですが、でもやっぱり手応えがないと人間って頑張れないんです。自分の能力より少し高い目標を設定して、これなら乗り越えられる、頑張れると一歩ずつ進んでいく。それが積み重なって、いつか高い壁が越えられるんじゃないでしょうか。

長くモチベーションを維持するには楽しくないといけません。楽しさを味わえるものは人それぞれ違いますが、目標をクリアした手応えがあるかないかはとても大きい要素ですね。十分間かかっていた皿洗いが八分でできた。そういう小さいことでも自分で楽しみを見出しながら仕事をしていけば、いつか飛躍的に成長する時が来るんじゃないかと僕は信じています。

――小さなことの積み重ねが大きな成果を生む。

岸田　そう思います。料理は「もうこれでいい」というものではありませんから、伝統的なフランス料理を踏まえながらも、小さなことでも新しいものに挑戦し続けるつもりです。

新しい料理のアイデアが生まれずに悶々《もんもん》とすることもたびたびですが、そういう時に折れることなく、壁を乗り越えさせるのはやはりプロ意識でしょうね。高いモチベーションと強い情熱を維持することと言っていいかもしれません。

パスカルはよく「昨日よりは今日、今日よりは明日へと日々成長することが大事です」と話してくれました。料理人としての道はまだまだこれからですが、この言葉を心に刻んで、大きく前進していきたいと思っています。

我が独行道

1980年台湾生まれ。囲碁棋士。2009年囲碁史上初の五冠獲得を達成。さらに史上最速、最高勝率で700勝を達成。2010年棋聖を制し7大タイトルをすべて制覇。著書に『勝利は10%から積み上げる』(朝日新聞出版)がある。

張《ちょう》栩《う》
囲碁棋士

二〇一〇年、二十三年ぶりに七大タイトル制覇という偉業を達成した囲碁棋士・張栩氏。台湾出身、七歳で「天才少年」といわれ、十歳で単身日本に渡ってきた氏は、囲碁という勝ち負けの一本道をひたむきに歩み続けている。最強棋士・張栩氏が語る「我が独行道」と勝負哲学。

相手を尊敬することが結果自分を強くする

――今年（二〇一〇）二月に新棋聖《きせい》となり、七大タイトルをすべて制覇されましたね。

張栩　囲碁界には棋聖、十段、王座、碁聖、名人、天元《てんげん》、本因坊《ほんいんぼう》という七つの大きなタイトルがあるのですが、今回棋聖を取ったことで、すべてのタイトルを一度以上獲得したことになります。こういう記録は意外と少なくて、二十三年前の趙治勲《ちょうちくん》先生以来誰もいなかったんですね。

特に今回取った棋聖は囲碁界最大のタイトルですから、以前からどうしても取りたかった。リーグ戦で一番成績のよかった人がその年の挑戦権を得るのですが、十年前からリーグに入っていたものの、挑戦権すら取れずにいました。だから今回棋聖を取って、七大タイトルを制覇したことは非常に嬉しく思っています。

――そういう大きな対局にはどういう心構えで臨まれるのですか。

張栩　タイトル戦に限らず、いつも相手のいい部分を上手に吸収するよう心掛けています。

碁には本当にいろいろな考え方があって、これが正解というものはありません。例えば、僕は囲碁界でも屈指の「早打ち」といわれますし、厚み（先行投資）よりも実利（現在の陣地）を先行させるタイプです。しかし、持ち時間をいっぱいまで使う人もいるし、厚み重視の人もいる。

――その人の個性や性格が碁の戦い方に出るのですね。

張栩　はい。自分とは違う感性だなと感じる時は、それがもしかしたら自分の足りないところや弱点じゃないかと思って、なるべく吸収するように心掛けています。

勝負の世界とはいえ、相手を親の敵《かたき》のようにして戦っても、何も得られるものはないと思うんですね。負けたら素直に相手の着手の素晴らしい点を吸収する。勝っても、相手のよかった着手を勉強し、自分になかった点があればそれを教えてくれたことに感謝する。相手を尊敬することが、結果的には自分を強くすることに繋《つな》がっていくと思っています。

――囲碁は心理的な要素が強いと思いますが、ここ一番での大勝負のプレッシャーにどのように対処されていますか。

張栩　大きな勝負が近づいてくると確かに恐怖感に近い感情が湧いてきますが、結局は自分に自信があるかどうかだと思います。

「自信」といっても、それは勝負に勝った負けたで得るものではないんですね。確かに連勝している時は「負ける気がしない」と思うものですが、そういう自信はひとたび連敗し出すと「また負けるんじゃないか」と不安や恐怖に変わります。

だから本当の自信は、たとえ連戦連敗してもなくならないものでなければならない。

――では、どういうところから自信を得ていらっしゃるのですか。

張栩　僕らは皆プロですから、当然勝つための努力は惜しみません。だから自分が人の二倍も三倍も努力しているとは思いません。ただ、「どんな時でもいいかげんな碁は打たない」「囲碁にマイナスになることはしない」という、自分が決めたルールを守っています。

たとえ練習の時であっても、あるいは相手が格下の時でも、手を抜いたり、気持ちを抜いた碁は打ったことはありません。また、これは体質でもあるのですが、お酒や煙草《たばこ》、あるいはギャンブル等は一切やりません。

言葉にすれば些細《ささい》なことですが、しかしその些細なことの積み重ねが、プレッシャーのかかる場面で自分自身を支える力になっているように思います。

僕は囲碁が強くなければならない

張栩　プレッシャーということでいえば、全力で戦った結果負けてしまっても、プロであれば翌年また挑戦することもできる。僕の場合、プロになるまでのプレッシャーのほうが遙《はる》かに大きかったので、「あの当時に比べれば」という思いはありますね（笑）。

――プロになるまでの道のりをお教えください。

張栩　僕は台湾のごく普通の家庭に生まれて、父の手ほどきで六歳半から囲碁を始めました。

父の熱心な指導の甲斐《かい》あって、一年後には台湾のアマ初段（日本のアマ三、四段程度）になり、地元の新聞で大きく取り上げられるなど、周囲から「天才少年」と騒がれました。

そのあたりから、父は自分のすべてを懸けて僕の囲碁を応援してくれるようになったんですね。

楽でない家計から囲碁教室の月謝を捻出《ねんしゅつ》し、しかも熱心に教えてもらえるように

囲碁のように
白黒のはっきりつく勝負の世界に限らず、
事業家でも芸術家でも、どこかで人生を賭けた
大一番の勝負をしているはずです。
一度は寝食を忘れすべてを注ぎ込む時期を
経ない限り、道はひらけていかないと思います。

相場以上の金額を先生に払っていたようです。教室だけでなく、賭《か》け碁の実力者に頼んで対局をセッティングしてくれたりと、少なからぬ出費を重ねていることは子供ながらに分かっていました。「僕は囲碁が強くならなければいけない。家族の期待に応えなければ」という思いが芽生えてきたんです。

――僅《わず》か七歳で。

張栩　はい。そういう調子で囲碁に打ち込んできたので、十歳になる頃には台湾の同世代の中では群を抜いてトップになり、プロ棋士になるための「日本行き」の話が持ち上がるようになりました。というのも、当時の台湾の囲碁界はプロ棋士制度が確立されていなかったので、囲碁で身を立てていくには日本へ行くしか選択肢がなかったんです。

台湾囲碁界の方々のご尽力もあって、十歳の時に、同じく台湾出身で日本囲碁界で活躍されていた林海峰《りんかいほう》先生の内弟子として日本へ渡りました。

――林海峰さんのお宅に住み込みで囲碁の勉強をされた。

張栩　先生のお姿を通して棋士はどういう生活をすべきかという理想の姿を見せていただいたように思います。

林先生は日本の囲碁界の頂点にいるにもかかわらず、僕らよりも遙かに勉強していました。広い家のあちこちに碁盤があって、思い立ったらどこでもすぐに碁が打てるようにしている。手合（囲碁の試合）を終えて家に帰ってくると必ず碁盤に向かって反省されるのですが、そのまま朝まで続けていらっしゃることもありました。まさに二十四時間、三百六十五日、碁のために生きている。「日本一の先生がこんなに勉強しているんだ」と子供ながらに驚きました。

日本へ来てぶつかった大きな壁

――来日して、日本の囲碁界にはどんな印象を抱きましたか。

張栩　台湾で「天才少年」と持てはやされていたので、僕自身、日本に行ってもすぐにプロになれるだろうと思っていました。

ところが、来日してみて日本の囲碁のレベルの高さにショックを受けました。プロになるには、まず日本棋院の院生になるのですが、百人前後の院生の中で、プロになれるのは毎年六、七人という狭き門です。院生はＡＢＣＤと四つのランクに分けられ、僕はすぐにBまで上がったものの、そこからはAとBを行ったりきたり。
また、囲碁に対する考え方も日本と台湾とでは大きく異なりましたので、そこでも随分戸惑いました。

——どういう点が違いましたか。

張栩　台湾では、指導してくださる先生が技術面・精神面ともに「こんな考え方もあるぞ」「これを勉強したらどうだ」といろいろ指示してくれましたが、日本は基本的に「囲碁は自分で勉強して強くなるもの」。林先生もたまに囲碁を見てくださることはあっても、「こうしなさい」と考えを押しつけるようなことはなく、「自分で考えなさい」というスタイルでした。

いまになってみれば大変ありがたいことだったと思うんです。プロの世界では自分で考えて碁を打てなければ勝ち残っていけません。その壁を超えられるかが、本当に強くなれるかどうかの別れ道なのです。しかし、当時の僕にしてみれば、いきなり自分で考えろと言われても何をどうしていいか分からなくなってしまいました。

——十歳というと、家族が恋しくなることもあったでしょう。

張栩　ありましたね。でも、林先生は弟子が家族に連絡を取ることをあまり好みませんでしたので、めったに連絡することはありませんでした。おそらく、里心がついてしまうからでしょう。

言葉も分からない。成績も伸びない。勉強方法も分からない。いろいろなストレスが重なって、囲碁が苦しくなっていました。かといって、あれだけ多くの人たちに盛大に送り出されてきて、あっさりやめて台湾に帰るわけにもいかない。

十三歳の時に母が初めて来日したのですが、僕が深く悩んでいることを知ると「囲碁、やめてもいいよ。お姉ちゃんのいるアメリカで一緒に勉強してもいいのよ」と。三年ぶりに母に会って、家族が恋しくなったんでしょう。その時は僕もそういう気持ちになって……。

——もう囲碁をやめてしまおうと。

張栩　いま考えると大変失礼な話なのですが、林先生にもそういう考えでいることを伝えました。一か月後に父も台湾から飛んできて、林先生も交えて話し合いをした結果、「今年一年頑張ってみて、それでプロになれなければ囲碁をやめる」と。そういう約束で、最後のプロ入りリーグ戦に賭けることにしました。

——それで見事合格されたわけですね。

張栩　いや、結果は十勝七敗で全体の六位。東京地区の上位四人という枠に入れず、落選してしまいました。

しかし、この年だけ採用枠が一つ増えて、敗者復活戦が行われたんです。東京の次点者（五位、六位）と大阪、名古屋の次点者の四人で争って優勝し、本当にギリギリ滑《すべ》り込みでプロに入ることができました。本当に運がよかったと思います。

やはりプロになるかならないかは天地の差なんですね。院生の年齢制限は十八歳、実力があってもなれない人もいるわけで、他の人生を探さなければなりません。もうそういう心配をせず碁に集中できる。それが嬉しかったですね。

十四歳でプロになり、中学を卒業すると同時に林先生の家を出て一人暮らしを始めました。プロになったからには、弱くては恥ずかしい。その思いがさらに囲碁に励む原動力となりました。

当たり前のことを続けると当たり前でない強さになる

――その後は史上最速・最高勝率で七百勝に到達するなど快進撃が続いていますが、

どういった鍛え方をされてきましたか。

張栩　そもそも僕は実践が一番の勉強の場だと思っています。それも練習ではなく、プロとしての公式手合です。

約四百人いるプロ棋士の中で、定期的に公式手合がつくのは五パーセント程度。プロになったばかりの人間がタイトル戦の挑戦者決定リーグに入るには、果てしないトーナメント戦を勝ち上がっていかなければなりません。負けたら終わり。次の対局はありませんから、たくさん実戦を積みたければ勝つしかないのです。次の対局をつけるために、目の前の一戦にどう勝つか。それが一番の鍛え方だったように思います。

――その一戦一戦の積み重ねで、二〇〇九年には史上初の五冠ホルダーとなられました。

張栩　一時的でしたが、名人、十段、王座、天元、碁聖と五つのタイトルを同時に持つことができました。一つの記録をつくったわけで嬉しかったのですが、そこでホッとしたのか、これまでの疲労やストレスの蓄積が一気に出たかのように帯状疱疹《たいじょうほうしん》という病になったのです。

――大変な激痛を伴う病と聞いています。

張栩　十段戦の最中から異変を感じ、タイトルの決着がついた晩に、お尻から足先まで眠れないくらいの痛みが走りました。最初は何の病気か特定できず、奇病にかかってしまったと大変不安になりました（笑）。

帯状疱疹は過度のストレスや疲労が引き金になって起こる神経痛といわれているのですが、とにかく激痛で数か月はまともに歩けない状態でした。

これは後から知ったことですが、師匠の林海峰先生も、岳父《がくふ》の小林光一先生も若い頃に同じように帯状疱疹を経験しているそうです。やはりトップで鎬《しのぎ》を削っている棋士たちは同じような重圧の中で戦っているんだなと思いました。

ただ、不思議なもので、そのような絶体絶命の中でも、本因坊のリーグ戦残留を決める対局にも勝利し、そこから自己最多の十七連勝を記録しました。逆境のほうが自分を強い気持ちにしてくれるのかもしれませんね。

――どんな状況でも勝つことができる。それが本物のプロですね。

張栩　自分の碁を分析してみると、強い人を負かす力があるというより、優勢な碁を勝ち切る力が他の棋士より幾分優れているのではないかと思います。

――勝ち星を取りこぼさないと。そのために大切なことは何でしょうか。

張栩　まず、相手を侮《あなど》らないこと。自分のほうが上だと思うと「早くやっつけてしまおう」などと思ってしまいますが、こういう気持ちはマイナスになってもプラスになることはないです。だから、自分が有利な情勢になっても、勝ちを焦《あせ》らず息長く打つことです。

また、実力差がある場合、相手は「負けてもともと」といった具合に思い切った手を打ってくることがあります。しかし、いい手を打たれたからといって、「挽回せねば」と強引な手を打つと、結果ミスに繋がることになりかねません。ですから、不利は一気に取り戻そうとしないことです。

「勝ち碁を落とさない」というのは当たり前のことですが、その当たり前のことを確実に継続できていると、当たり前ではない強さになっていくように感じています。

――勝利というものに対して非常に慎重に向き合っていることが伝わってきます。

張栩　やはり、勝つことがどれだけ大変かを知っていますから。どんな相手であっても、自分が勝つ確率は十パーセントくらいだと思って対局に向かいます。一手一手打ちながら、二十パーセント、三十パーセントと積み上げていくような感覚です。

本当の負けず嫌いとは

――囲碁の対局は大変長時間に及びますが、集中力を持続させるために心掛けていらっしゃることは。

張栩　持ち時間は対局によって異なりますが、午前十時に始まった対局が午後十一時過ぎに終わることもあります。その間、頭は常にフル回転ですから、心身ともにへとへとに疲れます。一度の対局で二～三キロ体重が減ってしまう棋士もいるくらいです。「そんなに長い間、集中できるの？」と思われるかもしれませんが、途中で眠気を催したり、気を抜いたりしては命取りですから、普段から「脳の体力」を鍛えることは意識し続けてきました。

――脳の体力を鍛える？　具体的にはどういうことですか。

張栩　例えば、若い頃は日本棋院での対局を終えて家に帰ってきた後、疲労困憊《こんぱい》の状態で、さらにインターネットでまだ打っていました。疲労し切った脳をさらにギリギリに絞る。そんなイメージでしょうか。

いまでも、疲れて寝る前に布団の中でその日打った碁を頭の中で再現してみます。

それも超高速で。

——毎日が集中力を高める訓練なのですね。

張栩　スポーツでも何でもそうだと思いますが、普段できないことは本番でもできません。集中力についても同じだと思います。いざ対局の時に絞り出そうとしても、いきなりはできない。普段から疲れた脳に最後のひと仕事をさせる訓練をしておくべきだと思います。

もっとも、僕はそれを「努力」とは思っていないんですね。囲碁が好きだから、まったく苦痛ではない。囲碁が好きなことは棋士である以上、とても大切な資質だと思いますね。好きじゃないとすべてが苦しくなってきます。

——他にプロ棋士に共通する資質はありますか。

張栩　やっぱり勝負に対する執念はもの凄《すご》いですよね。簡単にいえば「負けず嫌い」。なんだ、当たり前だと思われるかもしれませんが、僕は「負けず嫌い」にも段階があると思っています。

まずは「その場だけの負けず嫌い」。勝負の世界に限らず、負けるのが好きという人はそうそういませんから、やはりやるからには当然勝利を目指すわけです。しかし、それがその場限りのものであっては「負けず嫌い」とはいえないと思うんですね。自分が勝ちたい、もっとうまくなりたいと思ったら、練習を積んだり体調を整えたり準備をするはず。これが次の段階です。趣味で取り組んでいるものであれば、正しい努力と準備を行っていけば、相当のレベルにまで到達すると思います。

しかし、「真の負けず嫌い」はさらにもう一段階上じゃないかなと。

それは「自分の人生のすべてを賭けて」という部分が加わってくると思うんです。一道を極めている人は必ずどこかの時期でこの経験をしていると思います。

囲碁のように白黒はっきりつく勝負の世界に限らず、事業家でも芸術家でも、どこかで人生を賭けた大一番の勝負をしているはずです。一度は寝食《しんしょく》を忘れすべてを注ぎ込む時期を経ない限り、道はひらけていかないと思います。

囲碁と人生

――囲碁と人生に何か共通するものを感じることはありますか。

張栩　それは多いと思いますよ。

一つ具体例を挙げると、二〇〇五年の名人戦防衛の七番勝負は特に思い出に残っている対局です。

挑戦者の小林覚《さとる》九段を相手にいきなり三連勝。若かったこともあって、「これはいけるな」と油断した自分がいたんです。後で聞いた話では、覚先生も久々の七番勝負で前半は感覚が戻らず、尻上がりに調子を上げてこられたといいます。

そして四局目、僕が落としてしまいました。その夜から親知らずが腫れ上がり、同時に風邪もひいてしまい、「このままでは無様《ぶざま》な囲碁になってしまう」という不安が日に日に大きくなっていきます。そのピークで迎えた五局目、本当にあり得ないようなミスの一手から落としてしまいました。

そのショックを引きずり、まだ体調も戻らないまま六局目を迎え、終盤まで優勢で進めていたのに、結局最後の最後で落としてしまいました。

――三連勝の後の三連敗、流れは完全に相手方にありますね。

張栩　はい。だけどそこまで追い詰められて開き直ったところもありましたし、覚先生の勝負に対する厳しさを感じて身の引き締まる思いがして、なんだかすっきりとした気持ちになっている自分に気がつきました。

その時、「あ、自分はこの状況でも心は折れていないな」と。そして誰も経験できないこの絶体絶命の七局目を楽しんでやろうと思ったのです。

劣勢の状況は変わりませんが、澄んだ心で向かった七局目は、納得のいく勝利を収めることができました。名人防衛も嬉しかったのですが、「自分が恐れた状況でも心が折れなかった。むしろ楽しむことができた」ということが、それ以上に嬉しかったですね。

たぶんそれは人生にも通じることだと思うんです。この先、足がすくむような場面にぶつかっても、自分の心を折らず、その状況を楽しもうと。自分はそれができるはずだと、囲碁の経験を通じて思っています。

――どんな時も心を折らず、状況を楽しむ。それが台湾から日本の囲碁界に飛び込んで、道をつくってきた張栩さんの信条ですね。

張栩　僕は若い頃「何か書いてほしい」と色紙を渡されたりすると「大志」と書いていました。その頃は自分の成長を疑ったことがなかったんですね。

根本的にはその気持ちは変わらないのですが、結婚をし、子を持ったことで人生を振り返る機会を得て、何か新しい言葉はないかと父に相談して教えてもらったのが

「惜福《せきふく》」という言葉でした。ああ、これはいまの自分の心境にぴったりだなと。

――どういうところに共感されたのですか。

張栩　これは僕の解釈なのですが、自分が恵まれていることや幸せなことに感謝の気持ちを忘れないということだと思っています。

六歳半から二十数年、囲碁という勝ち負けの一本道を歩んできましたが、振り返ればいくつもの偶然や奇跡の連続、多くの人の支えや助け、教えに導かれてきました。一人の力には限界がある。だから皆が支え合って生きる。それが僕の「惜福」という言葉への共感するところです。

――道をつくるにも一人ではできないということですね。

張栩　プロ棋士というのは不思議な職業で、別にいなければいないで世の中が大きく変わるわけではありません。それでもなお存在しているのは、ファンの皆様に支えていただいているからだと思っています。

だからこそ、僕もファンの皆さんを支えたいと思うんですね。では、どうやって支えるのかというと、ファンの方々が支えていることに誇りを持てる棋士でありたいと思っています。

囲碁は千年以上続く素晴らしい文化で、人生をよくする力があると僕は心底信じています。生まれ育った台湾、そして育ててくれた日本に囲碁を通じて恩返しができる人生を送りたい。そうして僕の歩んできた道が次世代の人たちに何かしらの影響を与えられたら幸せです。

心のあり方が人生の価値と質を決める

久瑠あさみ《くる・あさみ》

メンタルトレーナー

ff Mental Room 代表

愛知県生まれ。精神科・心療内科の心理カウンセラーとして勤務後、メジャーリーグ・シアトルマリナーズの川﨑宗則選手、女子プロゴルファーの金田久美子選手など、アスリートのメンタルトレーニングに積極的に取り組み、注目を集める。企業経営者、ビジネスパーソン、個人向けのメンタルトレーニングを行い、多くのクライアントから絶大な信頼を寄せられている。著書に『一流の勝負力』（宝島社）『人生が劇的に変わるマインドの法則』（日本文芸社）『潜在意識で体が変わる！「マインドダイエット」』（PHP研究所）など多数。

数多くのトップアスリートや一流経営者を成功へと導いてきたメンタルトレーナー・久瑠あさ美さん。

これまで延べ一万人以上のクライアントの心と向き合ってきたという久瑠さんに、いかにして心を創り、人生を発展させていくのか、その要諦を伺った。

誰しも底知れぬ力を秘めている

――こちらのff Mental Room《フォルテッシモメンタルルーム》にはスポーツ選手から経営者まで幅広い分野の方が訪れるそうですね。

久瑠　一時間前にトップアスリートの方が見えたかと思うと、今度は学生さんがいらしたり。年齢も五歳のお子さんから七十代の経営者の方まで、本当に様々な方がいらっしゃいます。ただ、私の行っていることはクライアントの心のあり方を変えていくという一点に尽きるので、性別や年齢、職業の境なんて関係ありません。

――心のあり方を変える?

久瑠　クライアントが直面している問題や悩みを聴きながら、問い掛けを繰り返し、心の声に耳を傾ける。そうやって言葉にならない情動や本人も気づいていない深層心理を引き出していくんです。

多くの人は自分が見えていることや認識できていること、つまり、顕在意識がすべてだと思っています。しかし、その顕在意識が脳に占める割合は僅《わず》か三パーセントから十パーセントだといわれているんです。

ですから、残りの九十パーセント以上の潜在意識、自分の中に眠っている底知れぬ力の存在に、自ら気づいていくことが大切です。そういう意味では、私がクライアントに何かを教えていくというよりも、一人ひとりが持っている潜在意識、自分がどうありたいのかという心の声を見出していくことが私の役割だと感じています。

あらゆる出来事を肯定的に捉える

――メンタルトレーナーになられたきっかけはなんだったのですか。

久瑠　幼少の頃、私は自分の想いを言葉にして伝えることが大の苦手で、とても内気な子でした。伝えたい想いはあるのに言葉に詰まって黙り込んでしまう。もどかしい行き場のない想いを抱えながら、このコンプレックスをどうにか克服したいと、自分の心と向き合うようになったのだと思います。

――幼い頃の経験が原点にあるのですね。

久瑠　そんな私を心配した母親が、何か表現することを始めさせようと選んだのがバレエ教室でした。バレエを通じて私は表現することの楽しさを知り、中学に入ってからは、地元の名古屋でモデルとして活動するようになりました。

バレエの道に進むか、或《ある》いは大学に進学するか。その時はまだはっきりとしたビジョンはなかったものの、あれこれ将来を思い描き、高校卒業後は海外留学をしようと英語の勉強に力を入れていました。

ところが、十八歳の時に父親の会社が倒産し、家族や学生生活、住み慣れた我が家、いままで当たり前にあったものが一瞬にして失われてしまったんです。

——生活環境が一変してしまった。

久瑠　経済的な面から、夢に見てきた将来のあらゆる選択肢は消えてしまいました。私の姉妹は「こんなことになってしまったのは父親のせい……」と嘆いていましたが、私はそこで現実を受け止め、「状況は変わった。さあ、どうする」と自分に問い掛けました。

——心を切り替えたのですね。

久瑠　そして、自分の力で何ができるかを考えようと。たまたま地元で開催されていたファッションショーに、パリコレに出ているようなトップモデルたちが歩いていました。その姿を見た瞬間、私もあのステージの向こう側に立ちたい、やるからにはトップモデルになりたい。そう思い、私はアルバイトで貯《た》めたお金を持ってすぐに上京しました。まだ事務所も決まっていませんでしたけれど（笑）。

――伝手《つて》もなく、身一つで。

久瑠　私の潜在意識のスイッチが入ったのだと思います。それがなければもちろん東京にも行かなかったでしょうね。普通に考えたら、十八歳の女の子には苦境だったはずですが、それを私は自分自身を試すチャンスだと捉えて、状況を一気に好転させたのです。

「光を見せてあげたい」ある女子大生との出会い

久瑠　その後は、趣味や遊びに目もくれず、ひたすら仕事に打ち込んでいきました。人気ファッション誌『ＪＪ』や『Ｒａｙ』のモデルとして活動し、二十代半ば頃からは、テレビドラマやＣＭにも多数出演するようになりました。

――モデル、そして演者として成功されたのですね。

久瑠　ところがその後、いまから九年ほど前、自宅マンションが火事で全焼して、住

私がクライアントに最初にする質問は、

「自らの人生を懸けて何がしたいのか」

「その仕事を通してあなたは何を伝えていきたいのか」

ということです。使命感を持った人間はとにかく強い。

打たれようが、スランプだろうが、心の次元が
そこまで高まっていれば決して諦めません。

だからこそ、その道で成功できるのです。

むところも大事にしていた物もすべて失ってしまいました。その間も女優業は普段どおりしていたので、撮影現場には行っているんです。でも、どこか心ここにあらずで、抜け殻のような状態が数か月続きました。

そんな最中《さなか》に、精神科の医師とある雑誌の対談でお会いする機会があったんです。そこでいろいろとお話をしていったら、「あなたの言葉には力がある。うちの心療内科で心理カウンセラーとしてやってみませんか」と。

私は心療内科に行ったこともなかったので、どんな仕事かよく分かりませんでした。ただ、火事の経験から人間の心のあり方を強く意識するようになっていたこともあり、私が力になれるのであればという思いで出向きました。

――女優から一転、心理カウンセラーに？

久瑠　繋《つな》がりのない世界のように感じるかもしれませんが、私にとって女優業は、外見の美しさを追求するだけではなく、内面を磨く仕事です。それに、どちらも目の前の人に感動を与えるという本質は同じであると感じたんです。

私が心理カウンセラーとして初めてお会いしたクライアントは、女子大生でした。彼女は恋人の暴力により重度の不眠症に陥り、打ちひしがれていました。

カウンセリングルームで泣き崩れている彼女と向き合った瞬間、「とにかく彼女を笑顔にしたい。今夜はぐっすりと眠らせてあげたい」という気持ちが心の底から湧き上がってきたのです。

当時の私には、心理カウンセラーとしてのスキルや知識は殆《ほとん》どないに等しかったわけですけれど、彼女の生い立ちから彼氏の言動、行き場のない思いを事細かく聴きながら、無我夢中で感じたことを伝えていきました。すると、最初は下を向いてばかりいた彼女が、私の投げ掛けた言葉によって、瞳に輝きを取り戻したのです。

「光を見せてあげたい」という私の want と「自分を変えたい、向上したい」という彼女の want が一つとなり、彼女は自ら人生を切り開いていきました。光を求めてどん底から這《は》い上がっていく人間の底力、潜在力に感動し、私はこの仕事をライフワークにしようと決意したのです。五年間心療内科に勤めた後、二〇〇九年に独立し、ff Mental Room を開設しました。

常に真剣勝負ごまかしのきかない世界

――メンタルトレーニングを行う上で大切にしていることは？

久瑠　メンタルトレーニングといっても、私はクライアントの性格を変えようとか、意図的に精神を強くさせようということは絶対にしません。必要なのは、自らの内側にある潜在能力は自分が思っている以上に素晴らしいのだと自覚させることだと思っています。

例えば、どんなトップアスリートでも、ヒットが打てなかったり、パットが入らなかったりと、失敗が続けば落ち込んで自分の才能を疑い始めます。しかし、自分を疑うことがパフォーマンスに最も悪影響を及ぼしてしまうのです。

――自分で自分の才能を疑ってはいけないのですね。

久瑠　そうです。自らの感覚を信じられないスランプの時には、バットを置くこと、パターを握らないことが重要なのです。

よくやってしまいがちなのが、過剰に練習をする。さらには、周りのコーチの意見を聞く。調子が悪いと、待っていましたとばかりに、皆それぞれの主観でいろいろと見解を言ってきます。

それまで天性の感覚でやれていたことを頭で考え出すと、本来のプレイができなくなり、結果を出せなくなります。結果が出ないと、試合に出るのも嫌になってくる。

――ああ、悪循環に陥ってしまう。

久瑠　そうした状況では、まず、イメージトレーニングを行います。私がよく行うのは、映像を用いたイメージトレーニングです。

――詳しくお聞かせください。

久瑠　動物の動きや異なる競技の選手の動きなどを繰り返し観《み》てもらいます。私がメンタルトレーニングを担当していた、今期（二〇一二年）シアトル・マリナーズに移籍した川崎宗則《むねのり》選手の実例です。

彼が俊足を持ち味にしていることもあり、動物ではサバンナを駆け巡るチーターの走りを、他のアスリートでは当時活躍していたサッカーのロナウジーニョ選手のビデオを観ることを勧めました。

繰り返し観ることで、動きのリズム、テンポ、間合いを感じ、潜在意識に自分の成功体験として内在化させていく。目的は本能的な感覚に戻すことなので、こうした映像でなくても、絵画でも音楽でもなんでもいい。とにかくイメージによって潜在意識に働き掛け、感性を研ぎ澄ませていくのです。

――理想とする姿をイメージして、そこに近づけていくのですね。

久瑠　はい。そして、私自身がクライアントと向き合う際に心掛けているのは、とにかく自分の中の概念や一切のフレームを排除するということですね。

――自分がクリアな状態でいることが大切だと。

久瑠　生身の人間の心は理屈やマニュアルが通用するようなものではないのです。その人の心に直接介入して、本人が見えていない潜在意識にアプローチをしていくわけですから、目の前にいるクライアントの心に百パーセント、百二十パーセント意識を向けていく。その時に、頭の中の知識や固定観念は横に置いて、自分の潜在意識というか、感性で向き合っていくんです。

私の働き掛け次第で、目の前のクライアントの反応や結果は瞬時に見えてくる。一切ごまかしのきかない世界でもあり、同時にとんでもなくやりがいのある仕事です。

だから、常に真剣勝負、一人ひとり違う心に対して決して自分をごまかさないことですね。

自分を信じる勇気が運命を発展させる

――これまで数多くの方を導いてこられたと思いますが、運命を発展させていく人とそうでない人の差はどこにあると感じていますか。

久瑠　やはり「自分を信じる勇気」があるかどうかだと思います。私はこれまでトップの人間が落ちる瞬間を山ほど見てきましたが、皆過去に積み上げてきた「根拠のある自信」が揺らいでしまって、崩れていくのです。

自分のフレームを度外視して生きている人、明日生きることに根拠なんか要らないって思える人間の強さはそこにあって、まずは「根拠なき自信」、「勘違いの才能」を持つことです。

高校生の時、私がプロのモデルとして東京で活動できると、なんの根拠もなく思えたのは、「勘違いの才能」によるものでした。どんなに周りから無理だと言われようとも、過去の自分ではなく、未来の自分を信じて進む。この「勘違いの才能」が私自身の不屈のチャレンジ精神の土台になったのです。

――周りに流されず、自分の潜在的な力を信じると。

久瑠　人間は自信や根拠を持つために、得てして自分の外側にあるものを取り入れようとします。資格を取る。人脈をつくる。それはそれで大切なことです。けれど、どんな武器を持っていても、戦術が分からなければ、その武器は人生において価値をなさない。大切なのは、それを使いこなす人間の心が備わっているかどうかです。

――ああ、心が大事なのですね。

久瑠　「自分を信じる」というのはもの凄《すご》く難しいことです。決して簡単なことではありません。けれど、人生を懸けてそこにトライする価値のある壮大なテーマだと思っています。

人生には一夜にして劇的に変わる瞬間があるんです。それは自分が人生のリングに上がると決めることから始まります。リングに上がるということは、打たれに行くことなので、先の見えないリスクがあります。時に痛く、辛く、惨《みじ》めな思いをします。ではなぜ、格闘家はリングに上がるのか。それは観客に感動を与えるという使命があるからです。

そのため、私がクライアントに最初にする質問は、「自らの人生を懸けて何がしたいのか」「その仕事を通してあなたは何を伝えていきたいのか」ということです。使命感を持った人間はとにかく強い。打たれようが、スランプだろうが、心の次元がそこまで高まっていれば決して諦《あきら》めません。だからこそ、その道で成功できるんです。

――心が定まっていれば、運命を発展させていくことができると。

久瑠　私は、心のあり方が人生の価値とクオリティーを変えていくと思っています。目に見えるもの、形あるものは有限ですが、人間の内にある心の世界は無限です。

一人の心が高まると、それに影響を受けて、周りの人たちの心も高まっていく。この心の連鎖がやがては世の中を変える力になるはずです。

これからも私は目の前にいるクライアントの心と日々向き合いながら、一人の人生を変え、そして世界を輝かせていきたいと思っています。

営業に魔法の杖はない

伝説のセールスマンへの道

飯尾昭夫《いいお・あきお》

BMW正規ディーラー
東立取締役

昭和24年愛媛県生まれ。49年青山学院大学卒業後、丸紅モータース入社。入社から7か月まったく売れない苦しみを味わった末に新人賞を獲得。日英自動車を経て、59年BMWに入社。4年目からは平均して毎年100台以上を売り続け、平成元年累計500台、6年11月に日本で初めて1000台達成により表彰を受ける。以後、トップセールスとして2400台以上を販売してきた。著書に『なぜ、私はBMWを3日に1台売ることができたのか』(ダイヤモンド社)がある。

日本一ＢＭＷを売った伝説のセールスマン・飯尾昭夫氏。
約四十年の営業人生で積み上げてきた販売実績は実に二千四百台を超える。
しかし、そんな飯尾氏も当初はまったく売れないゼロセールスマンだったという。
氏はいかにしてトップセールスの道を切り拓いてきたのか。
これまでの歩みとともに、そこから摑んだ営業の極意についてお話しいただいた。

結果を出す人出せない人

――日本一ＢＭＷを売ったセールスマンとしてご活躍ですが、これまでの販売実績は二千四百台を超えるそうですね。

飯尾　確かにこれまでたくさんの車を売ってきましたが、それは結果的に売れたのであって、自分が何かテクニックを使って売ったとは思ったことがないんです。お客様に買っていただいた、そういう気持ちのほうが強いですね。

マネジメント職に就いてからは、ＢＭＷの青山スクエア、高輪《たかなわ》、新宿の三つのディーラーで支店長を務め、いずれも販売台数日本一の店にすることができました。二〇一〇年から二年間は現場を離れ、ＢＭＷジャパン（本社）で仕事をしていたのですが、今年（二〇一二年）の三月から、ここ練馬ＢＭＷで営業マンの指導を行っています。

――これまで数多くの営業マンを育成されてきた中で、結果を出す人とそうではない人の差はどこにあるとお感じですか。

飯尾　売れない営業マンはお客様からの「〇〇をしてほしい」っていう気持ち、ここを大事にしないんです。「車が欲しい」「買い替えたい」など、売り上げに直結することにはすっ飛んで行くんですが、それ以外の要望については優先順位を一番下にしている。

一方、売れる営業マンは些細《ささい》なことや煩《わずら》わしいことでも、お客様の要望にすぐ応える。即やる。最初は労だけ残って、益はないんですけど、それが積み重なってお客様から評価をいただける。「あの時ちゃんとやってくれたから、あいつから買おう」と。それが成績に全部繋《つな》がっていくんです。

——商品を買うというよりも、この人だから買おうと。

飯尾　そう。だからもう、普通の人間関係が先なんです。我々営業マンはお客様にお会いして初めて、チャンスをいただけるわけですよね。神様は平等にそのチャンスを与えていると思うんです。でも、そこから先、結果を出すかどうかは、その人次第。そこでお客様から選ばれる営業マンにならなければ、物は売れないんですね。

「売れない自分」こそ自分の原点

——そもそもこの道に入られたきっかけはなんだったのですか。

飯尾　私が大学生の頃は学生運動の真《ま》っ只中《ただなか》でした。大学はロックアウトされ、講義はほとんど休講状態。そういう時代でしたから、就職活動も儘《まま》ならずに卒業してしまって、まいったなと（笑）。慌てて求人情報を見ていたら、丸紅モータースが募集広告を出していた。それですぐに試験を受け、四月から働くことに決まったんです。

朝は八時前に出社し、洗車と店の掃除を毎日やらされました。それが終わると、上司から「飛び込み営業をしなさい」と。営業所のある中野富士見町から地下鉄で四ツ谷まで行き、そこから半蔵門に向かって、ビルを上から下まで歩いていく。一日最低百件は飛び込みしなければなりませんでした。会ってさえもらえなかったり、目の前で名刺を破り捨てられることもしょっちゅうでした。

――ああ、目の前で……。

飯尾　結構きつかったですね。でも、どんなに辛い日もサボることだけはしませんでした。営業所長から「いいか。喫茶店に入るんじゃないぞ。売れなくなるぞ。俺が見てなくても、神様が見ているからな」と言われ、私はその教えをずっと守り続けたんです。

まあ、それでも全然売れなくてね。一所懸命やっているのにどうして売れないのか分かりませんでした。夏頃には、同期のほとんどが既に一台以上の売り上げを出し、新卒十六人の中でゼロセールスはとうとう私一人になってしまったのです。「このままだとクビになってしまう……」。そんなことを思いながら必死に歩いて、歩いて、歩き続けました。

九月に入ったある日、営業所に戻るとお客様が来店されていました。あいにく他の営業マンは出払っていて、私が対応することになりました。

「いまフォードに乗っているんだけど、そろそろ買い替えたいんだ」

なんと、あれだけ歩き回っても見つからなかったお客様がそこにいたのです。

「遠いけど、家まで来てくれる?」

住所を聞くと、栃木県の益子《ましこ》でした。当時まだ高速道路は整備されていません。それでも私はどこにでも行くつもりでしたから、片道四、五時間の距離を何度も往復し、その翌月、遂に注文をいただくことができたのです。

——七か月目にして、念願の初セールス。

飯尾　いやぁ、嬉しかったね。偶然としか言えないような。でも、これで自分も続けることができるかもしれないって思いました。すると不思議なことに、これまでひた謙虚な自分をいつも見つめていないといい仕事はできません。人間はちょっといいことがあったり、成功したりすると「自分が売ったんだ」「俺が、俺が」と、どうしても傲慢になってしまうんですが、そうではないと自分で自分を戒める気持ちがないと、その先の成功はないと思いますね。

すら歩き回っていた麹町《こうじまち》、半蔵門近辺から商談が出始めました。

そうして三月末までに毎月二台以上、合計十三台を売り、新人賞を取ることができたのです。

――ゼロセールスから新人賞に!?

飯尾　はい。これは後で知ったことですが、先輩たちの中でもトップセールスを競っている人ほど、入社時にゼロセールスの辛い経験をしている人が多かったのです。

実際、入社してすぐ売れた同期たちは二年目の春過ぎからどんどん辞めていき、結局残ったのは十六人中、たったの四人でした。苦労を乗り越えた先に喜びがある。この「売れない自分」は私の営業人生の原点です。

売ろうとしたら売れない

飯尾　七か月ものゼロセールスを経験したことで、一人ひとりのお客様の大切さ、本気で仕事に取り組むことの大切さを学ぶことができました。そうしてどんどん成績を伸ばしていきましたが、八年目の一九八一年に丸紅モータースが輸入車販売から撤退し、私は日英自動車に入社しました。

私はそれまでお世話になったお客様も含めて、徐々にお客様を増やしていき、二年目に年間五十八台を売り、その会社のトップになったのです。BMWからお誘いをいただいたのはその時でした。

日英の支店長から「辞めないでくれ」としきりに説得されていましたので、ここに留《とど》まろうと。断るつもりでBMWジャパンに行ったら、いきなり当時の浜脇洋二社長と会うことになったんです。社長室に入ると、「おめでとう。一緒に頑張ろう」って握手されるわけですよ（笑）。「えーっ!?」と思ってね。そしたら人事部長からも「浜脇さんが会ったセールスマンは君が初めてだよ」と言われて。それで腹を決めました。ただ、入社の際に一つだけ条件があったんです。

——なんですか？

飯尾　それは「年間三十六台以上売れなかったら辞めてもらう」というものでした。BMWを売ったこともないので、やっていけるかどうかは分かりませんでしたが、そこはもう、自分自身に対してのチャレンジでしたね。

——あえてリスクを背負われた。

飯尾　そうして一九八四年、三十四歳の時に、ＢＭＷジャパンに入社しました。クビになるわけにはいきませんでしたから、他の人の三倍ぐらい仕事をやるつもりでがむしゃらに取り組んでいきました。

毎日深夜零時頃まで仕事をし、その日にやらなければならない仕事はやり切るように心掛けていました。電車に乗っている時は、降りる駅の出口に一番近い車両へ急いで移動するため、電車の中をいつも走っていました。限られた時間の中で、もっと営業をしたい。そのために一分、一秒でも無駄にしたくなかったんです。

——そうやって他の営業マンと差をつけていかれた。

飯尾　あと、私は口下手ですし、喋《しゃべ》りが苦手なんですよ。だから、お客様がお話しすることをとにかく一所懸命聴きました。お客様はみんな凄《すご》い人だと思える気持ちがあるので、売ることよりも目の前のお客様に興味があったんです。

ですから、お客様と二時間話して買っていただけなくても、それでいいと思っていました。そこは私にとって一番大事なところで、接客は売ろうとして売れるものではなくて、無心になった時に売れるものだと気づいたのです。

——ああ、無心になる。

飯尾　「売ろう、売ろう」という思いが先行すると、私自身ちゃんとした会話ができなくなるんです。そうすると、お客様もそれを感じて、心をブロックしてしまう。

そうじゃなくて、まずお客様が時間をつくってくださったことに対して感謝の気持ちを伝え、とにかくお客様といろんな話をしながら自由な時間を楽しむ。こちらが余裕を持っていると、会話の中でお客様が先に本音を言ってくれるんですね。本音が聴けた時に初めてこちらは動けるわけなので、お客様から「この車はどんな感じですか」と聞かれるまで、自分から商品の説明をしませんでした。売ろうとしたら売れない。これは非常に大事なことだと思います。

危機感の中にいつも自分を置いていた

飯尾　そういう努力が実って二年目で八十八台を売り、社長から「日本一になったぞ」と言われたんですね。ただ、他の営業マンは月六台くらいのノルマしか課されないのですが、私には月に八台、九台と求められる。ですから、トップになってからも、いつまた売れなくなるかも分からないという不安は毎月ありました。

私は毎月、その月にいただいた商談はすべてその月の成績に入れていました。中には、トップの私を抜こうと、翌月に取っておいている人もいましたが、私はそれを絶対にしませんでした。

――出し惜しみをしないと。

飯尾　そうすると、翌月の見込み客はゼロ、何もない状態からのスタートです。しかも、月初めの一週間くらいは納車をするため、商談はできません。その時点で、今月はもう売れないな、無理かもしれないって本当に思うんですよ。

そこからまた、お客様にご紹介いただいたり、新規のお客様にアプローチしたりしながらつくっていくわけで、毎月、毎月、自分の限界との戦いをしてきました。

人間は安心し過ぎて、まったく不安がないと、活動量が減ってしまいます。いつも余裕を持っていたら売れません。四、五台くらいは皆だいたい売っていくんですが、そこから上はなかなか簡単には売れていかない。そこを抜きんでるかどうかは、結局その人間の危機感の強さだと思います。だからこそ私は、いつも危機感の中に自分を置いて仕事をしてきました。

すべては自分の責任

飯尾　ＢＭＷでトップセールスを続けていた中で、忘れられない出来事があります。四年くらい経った頃だったと思いますが、テレビや雑誌から取材を受けるようになり、私は一時期、有頂天になってしまっていました。

その当時はまだＢＭＷが日本に進出して間もない頃で、向こうの環境でつくられた車は高温多湿な日本の気候に合わず、故障が多かったんです。

私が出社すると、電話はもう鳴りっぱなし。二十件近く修理や整備の依頼がくる。工場に予約を取り付け、それから故障車の引き取りや納車をしていくわけですね。その合間に商談もこなさなければなりませんし、修理を心待ちにしているお客様に「明日にしてください」とは言えません。

ある日、私は工場長と電話で話していた時、「まだ直らないのか、冗談じゃない」と怒鳴り散らしてしまったのです。ふと気がつくと、工場長は無言になっていました。

「もしもし」

「……」

「おい、聞いてんのか」

「……」

私は内線を切って、二階の事務所から工場まで走っていきました。

「……すみません」

工場長は目を真っ赤にして涙ながらにこう言いました。私はこの瞬間、ハッと我に返りました。こんなことをやってはいけないと。

その頃、修理の現場では難しい修理が重なって手いっぱいの上に、いくらトップセールスだからといって、私のお客様だけを優先することもできず、大変な思いをしながら仕事をしていたのです。

何か問題が生じた時に、おまえの責任だっていうのは簡単ですけど、それではなんの解決にもならない。そのことを思い知らされた瞬間でした。

——相手のせいにしては駄目だと。

飯尾　やはり、すべては自分の責任だと思います。私はよく本を読むのですが、そういう意味では新渡戸稲造《にとべいなぞう》の『武士道』などは非常に精神的な支えになりました。

営業においても自分が最高の状態にない限り、人を動かすことはできないわけですから、売れなくても自分の責任なんですね。

私はこれまで約九千件の商談をしてきましたが、そのうち買っていただいたのは二千四百台ですから、四件に一件程度しか売れていないんです。残りの七十五パーセントの人たちはよそで買っているわけで、何か自分に原因があるわけですよ。

それを商品のせいにしたり、価格のせいにしたりするのは、腕がないことを認めているようなものです。営業マンが一所懸命やれば、商品も輝くわけです。ちょっと手を抜いたり、せこさがあると、商品は輝かないと思います。

――すべて自分の責任と捉える。それは自分自身を修める要諦《ようてい》とも言えそうですね。

飯尾　そう思います。それから謙虚な自分をいつも見つめていないといい仕事はできません。

人間はちょっといいことがあったり、成功したりすると、「自分が売ったんだ」「俺が、俺が」と、どうしても傲慢《ごうまん》になってしまうんですが、そうではないと自分で自分を戒める気持ちがないと、その先の成功はないと思いますね。

営業にはこうやれば絶対に売れるという「魔法の杖《つえ》」はありません。すべては自分の努力次第です。

飯尾昭夫　◉営業に魔法の杖はない

以前、半導体製造機器で世界トップシェアを誇るディスコの溝呂木《みぞろぎ》斉《ひとし》会長から「人間は一級品にならないといけない」と言われたことがありますが、売り上げトップだけでなく、人間として一級品にならなければと感じています。最高の自分をつくるため、これからも研鑽《けんさん》を積んでいきます。

いまがその時、その時がいま

外尾悦郎《そとお・えつろう》

サグラダ・ファミリア主任彫刻家

昭和28年福岡県生まれ。京都市立芸術大学彫刻科卒業。中学校・高校定時制非常勤教師として勤務した後、バルセロナへ。53年以来、サグラダ・ファミリア教会の彫刻に携わり、平成12年に完成させた「生誕の門」が世界遺産に登録される。24年ミケランジェロ賞、日本とスペインとの文化交流の促進の功績により、平成20年度外務大臣表彰受賞など国内外で受賞多数。『ガウディの伝言』(光文社)『サグラダ・ファミリアガウディとの対話』(原書房)など著書多数。サン・ジョルディ・カタルーニャ芸術院会員。京都嵯峨芸術大学客員教授。

不世出の建築家アントニオ・ガウディが設計した「サグラダ・ファミリア教会」。着工からおよそ百三十年の歳月を経たいまなお未完のまま工事が続く壮大な聖堂の建設に、日本人として参加してきたのが彫刻家・外尾悦郎氏である。

ガウディがこの聖堂に託した思いとは何だったのか。

一時帰国中の氏に、ガウディが求めた真の幸福の意味について語っていただいた。

ガウディの遺志を継いで三十余年

——まもなくサグラダ・ファミリア教会の「生誕の門」につける門扉《もんぴ》の制作に着手されるそうですね。

外尾　はい。サグラダ・ファミリアは、スペインの建築家アントニオ・ガウディが設計し、一八八二年の着工からおよそ百三十年が経ったいまも工事が続けられている壮大な建築物です。私はその事業に一九七八年から彫刻家として携わってきました。そんな中、彼が生前手掛けた「生誕の門」の、正面を飾る十五体の天使像を二〇〇〇年に私が完成させて設置したんですね。

同じ年に門扉のデザインのコンクールがありましたが、生誕の門の最後を飾る彫刻ですから、これを完成させるのは一大使命です。私もアイデアは出しましたが、その案が通るとは思いもしませんでした。というのも現地では著名な彫刻家たちが皆参加したものですから。サグラダ・ファミリアに自分の作品を置くことを望んでいるアーティストは多く、なぜ外尾という外国人ばかりがあの門をやるんだという声も少なくありません。

――あぁ、本国の芸術家はおもしろく思わないのですね。

外尾　ですが、出品された模型をちらっと見せていただいたところ、私の出したアイデアは他の方々とは全《まった》く違うんです。彼らがつくった模型は、マリア像やヨセフ像など通常の教会につける門扉のレリーフ（浮き彫り）が大半でした。

しかし私は初めからそうではないと。ガウディの門扉に関する資料は全く残っていませんが、私は少なくとも同じモチーフが重なり合うことはないであろうと考えました。全体的な彼の作品を見つめても、繰り返しということをあまりしない人ですから。ただし残された資料は何もありませんから、答えは出てきません。だから彼を本当に知りたければ、ガウディを見るのではなく、ガウディが見ていた方向を見る。その方法でしか理解はできないと思うんですね。そこからいろいろなアイデアを出していって、表面に植物や昆虫などの装飾を配した門扉の制作に取りかかるところです。

一番大切なのは「観察」すること

――まるで答えのない答えを求めるような、難しい作業ですね。

外尾　ご理解いただけるか分かりませんが、見えないけれども本来あるべき答えを見つける、あるべきなのにないものを見つける、と言うのでしょうか。ですから私の本当にやりたい彫刻とは、新しいものを設置した時に、地元の人たちが、あぁ、これはなぜいままでなかったんだろうか、と感じるようなものをつくることなんです。

彫刻は大きくて重いものですし、一度置いてしまうとなかなか退かせられません。だからそこで生活していた人が突然リズムを狂わされたり、邪魔に思うようなものではまずい。新しいけれども、前からあってほしかったと感じてもらえるようなものを必死に探していく。したがっていまのアーティストといわれる人たちと私が全く違うのは、私は創造者ではなく、探究者であるということです。

――新たにつくり出すのではなく、見つけ出すということでしょうか。

外尾　そのとおりです。ガウディも「人間は何も創造しない」という言葉を残しています。では我々には何ができるかといえば「発見」しかできないんですね。彼が「私は神の創造に寄与しているだけだ」と述べたように、草木が育ち鳥が空を飛んでゆく。その不可思議な、人間業《わざ》では成し得ないものの美しさ。そうしたものを求めてそれに近いものをつくっていく。

そのためには「観察」が大切で、観察なくして発見はない。だから人間にとって一番大切なのは観察すること、つまり現実から逃避しないこと。その現実に正面から向かっていく勇気が重要だと、ガウディも説いているのだと思います。

我々は彫刻や建築といったように勝手にジャンルを分けていますが、本来人間というのは、その大本のところ、人間にとっての幸福ですね。そうしたものを求めて、初めていろいろなものを発見できるのではないかと思います。

生きているということは本来命懸けである

——スペインへ移住されてから今年（二〇一二）で三十四年目になるそうですね。

外尾　はい。私自身の気持ちとしては昔から何も変わっていませんが、ただはっきり言えるのは、三十四年もあそこで仕事ができるとは一度も思わなかったということ。いつもいつも「これが最後の仕事だ」と思って取り組んできました。

——いまだにそうなのですか。

外尾　はい。私は長らくサグラダ・ファミリアの職員ではなく、一回一回、契約で仕

サグラダ・ファミリアとは

正式名称はサグラダ・ファミリア贖罪教会。聖母マリアの夫ヨセフを信仰する教会として 1882 年に着工。翌 83 年、前任者が辞任したことによりガウディが引き継ぐこととなり、没後その遺志は弟子たちに委ねられた。設計図が残っていないため、ガウディの建築思想を想像する形で建設は進められている。完成すれば 170 メートルを超す「イエスの塔」など 18 の塔と 3 つの門を持つが、完成するのは数十年後とも数百年後ともいわれる。なお、建設資金は信者からの寄付と入場料によって賄われている。

アントニオ・ガウディ

1852 ～ 1926 年。スペインが生んだ世界的な建築家。曲線・曲面の多用と多彩な装飾を特色とする幻想的作風で知られる。住宅カサ・ミラなど作品は多い。代表作のサグラダ・ファミリア（聖家族）教会は 1882 年に前任者により着工し、翌年からガウディが設計を担当。交通事故によりその生涯を終えた。

事をする請負の彫刻家でした。教会を納得させる作品ができなければ契約を切られる可能性がある。命懸けという言葉は悲壮感があってあまり好きではありませんが、でも私自身としては常に命懸け。というのも命懸けでなければおもしろい仕事はできないからです。

ただ本来は生きているということ自体、命懸けだと思うんです。戦争の真っ只中《まただなか》で明日の命も知れない人が、いま自分は生きていると感じる。病で余命を宣告された人が、きょうこの瞬間に最も生きていると感じる。つまり、死に近い人ほど生きていることを強く感じるわけで、要は死んでもこの仕事をやり遂げる覚悟があるかどうかだと思うんです。

この三十四年間、思い返せばいろいろなことがありましたが、私がいつも自分自身に言い聞かせてきた言葉がありましてね。

「いまがその時、その時がいま」というんですが、本当にやりたいと思っていることがいつか来るだろう、その瞬間に大事な時が来るだろうと思っていても、いま真剣に目の前のことをやらない人には決して訪れない。

憧《あこが》れているその瞬間こそ、実はいまであり、だからこそ常に真剣に、命懸けで生きなければいけないと思うんです。

一パーセントの可能性に賭けた

――サグラダ・ファミリアに携わるようになったのはなぜですか？

外尾　大学で彫刻を勉強し、卒業後は非常勤講師をしていたのですが、ある日信号で車を止めると道端に石が山積みにされていたんですね。何気ない御影石《みかげいし》なんですが、その石を見たら急に何か、石に魂を奪われたような気になりまして。

その奪われた私の魂をなんとか取り返したい。そのためには石の本場に行くしかない、と。そして石をどこかで彫るなりして、抑えられない気持ちを発散させなければ、これから生きていかれないと思うほどの緊迫感があったんです。

――そんなに強い衝動が。

外尾　それで二十五歳の時に旅費を貯め、三か月間の予定でヨーロッパへ向かったわけです。初めはパリへ、次にドイツへ行こうと考えたのですが、ドイツ人は大きいだろうから、体力勝負をするためにスペインで栄養をつけよう、ついでにサグラダ・ファミリアも見てこようと。単なる一旅行者ですね（笑）。

ところがサグラダ・ファミリアに行ってみると、突然そこに石の山が現れたんですね。他の旅行者が塔の高さにばかり目を奪われている中、私は無造作に積まれた石の山にもう惹《ひ》きつけられてしまった。あぁ、ここだったら奪われた魂を取り返せるんじゃないか、そんな気持ちにさせられる石でした。

——求めていたものがそこにあったのですね。

外尾　私はそこで一つの賭けに出ることにしました。ヨーロッパを回れば、ヨーロッパ全土の文化の重さを知ることができる。一方、ここでは一かけらの石を彫らせてもらうために何か月交渉にかかるかも分からない。

どちらを選ぶべきか。それを決めなければいけない時に、私は九十九パーセント不可能に思えたほうに賭けることにしたんです。九十九パーセントの安定を求めるか、一パーセントの可能性に賭けるか。その判断を間違わなかったというのが、唯一私の賢明だったところだと思います。

——その一パーセントの可能性に賭ける決め手となったものは何ですか。

外尾　サグラダ・ファミリアがあまりに凄《すご》かったからです。それと、全部が石であったということですね。綺麗《きれい》や美しいといった、単純に納得のいくものではない、ダイナミックを超えたようなダイナミックさ。百メートルを超える巨大な建築物にもかかわらず鉄筋が全く使われておらず、ただ石が積まれてあるだけ。その大変な迫力に、ただただ圧倒されたという感じでした。

ガウディの見ていた方向を見る

――それでも、簡単には石を彫らせてもらえませんよね。

外尾　えぇ。最初に僕が考えたのは、リュックを背負った見ず知らずの人間が来て、俺は凄いんだから雇ってくれと言っても誰も相手にしてくれないだろうということ。だからどこにどう交渉していけばいいかが見つかるまでは、自分の顔を見られないよう注意しながら、毎日近くまで足を運んでいました。

知り合った日本の駐在員を介して、なんとかコンタクトを取りましたが、「明日また来てくれ」とか「いま忙しいから」などと言われて、二度も三度も門前払い。一か月が経った頃やっとアポイントが取れ、主任建築家と会うことができた。そして翌週試験をされ、その後、合格の通知があったんです。旅に出てから二か月余り、私はその間、二十五歳になっていたのですが、非常に不安で何もない、たった一人の誕生日でした。

——徒手空拳からの出発だった。

外尾　えぇ。そしてその試験が三十四年間、ずっと続いている、ただそれだけのことです。私は勝者敗者というのはあまり好きじゃありませんが、でもその時その時を勝っていくのは大切だと思うんですよ。その時負けてしまったら、次に仕事を続けられないからです。

要するに続けられるというのは、打ち勝っていくということ。満足のいく条件など一度もなかったんですが、その中で相手が満足のいく答えを出していく。それができたから続けてこられたのでしょう。

——どんな条件が出るのですか。

外尾　私の場合、建築家からスケールを指定され、例えば「何々という塔につける雨《あま》樋《どい》だから」とだけ説明を受ける。そうすると雨水が流れるという機能を具備しながらも、新しいシンボルを考え出し、それらをうまく組み合わせなければなりません。

一度も闇の中に入ったことのない人、それは幸せと言えば幸せかもしれない。でもその幸せは、真っ暗闇の中から一条の光を見つけた時の喜びとは比較にならないものです。だから人間にはパッションが必要なんです。その情熱が真っ暗闇の中に自分の身を投げ入れ、それを通り抜けさせる力を与えてくれるのではないでしょうか。

つまりガウディがやっていたのと同じようなことを、彼亡き後に行っているのが私の仕事です。全くゼロの状態から勉強して、一つひとつに自分で納得のいくものを組み立てていく。そしてでき上がったものが他の人に一分《いちぶ》の疑問も抱かせない、納得せざるを得ないものでなければいけないわけです。

ですから先ほども申しましたように、ガウディを見ていたのでは答えは出ない。ガウディが見ている方向を見て、彼のやりたかったことは何だったのかということを、もう毎日、毎時、毎分、毎秒考えている。そのためには彼と同じだけの知識、というのは不可能ですが、それに近い最低限の知識を持ち、ガウディの立っていた所に立つ。それが仕事の基本姿勢ですね。

ガウディの思いに気づける人、気づけない人

――現地へ行かれた当初から、そういう姿勢でいらしたのですか。

外尾　いえ、違いました。最初の十数年間はまだ幾分資料があって、これだという確信はなかったのですが、おそらくこうじゃないかというところまではいけたんですね。

ところがある日全く何の資料もない中で仕事をしなければならなくなった時、もう途方に暮れまして……。これでサグラダ・ファミリアの仕事は終わりだなと思ったんです。あたりはもう真っ暗闇ですよ。陽が差していても雑踏のざわめきにいても、そこは全く孤独な世界で、どこを見ても真っ暗闇。

要するに溺《おぼ》れている状態で、そのままじっとしていると溺れてしまいますから、もうガムシャラに動き回る。そうすると、犬も歩けば棒に当たるじゃないですが、何か細ーい光が見えるんです。迷わずそっちのほうへ行くしかないのですが、行くといままでそこにいたにもかかわらず、気がつかなかった答えがふっと出てくる。もがいてもがいて、どんな小さな事柄からでもそこを詰めていくと一条の光が差し込んでくることがある。そういう危ない橋ばかりでした。

——図面も何もない中からその遺志を読み取るのは至難の業《わざ》ですね。

外尾　よくそう言われます。しかし彼は誰も考え出さなかったものを構想しただけでなく、それはどういう方法から出てきたものかを人に伝えようとしていた。図面や模型は焼失していますが、時には彫られた石の中に答えが埋め込まれていることもある。僅《わず》かながらでもそれがあるからできるんですね。

ですから世界の人々は信用してくれないかもしれませんが、ガウディがいなくても彼が本当に見ている方向を皆が見れば素晴らしいものができてくるはずなんです。

——ガウディが示しているその方向性に、気づける人と気づけない人の差は何ですか。

外尾　彼自身も言っていることですが、エゴのある者に芸術はあり得ない。そのエゴを完全に消せるかどうか。ガウディが「芸術とは真実の光の輝き」と述べたように、真実を求めようとしないとその輝きには出合えないということです。

一度も闇の中に入ったことのない人、それは幸せと言えば幸せかもしれない。でもその幸せは、真っ暗闇の中から一条の光を見つけた時の喜びとは比較にならないものです。だから人間にはパッションが必要なんです。その情熱が真っ暗闇の中に自分の身を投げ入れ、それを通り抜けさせる力を与えてくれるのではないでしょうか。

本当の人間の生き方とは何か

外尾　これはガウディが生誕の門の「エジプトへの逃避」という彫刻をつくった時のことです。ヨセフとマリアが生まれたばかりのイエスを抱えてロバに乗せるところを表現するために、モデルとなるロバを連れてこなければいけない。彫刻にするのだから立派なロバがいいだろうと、助手はコンクールに出るようなロバを連れてきた。

でもガウディはそうじゃないと考えた。ふと見ると、貧しそうな砂売りの老婆が、痩《や》せこけたロバを引いて歩いている。それを見て、彼はあれだ、と思った。誰に何を言われなくとも、自分のすべきことを知っている痩せこけたロバ。そういうロバがイエスたちをエジプトへ運んでいったんだ、という確信がガウディにはあって、そのロバをモデルに使わせてほしいと老婆に頼み込んだといわれています。そういうことが私には強く納得できるのです。

――『聖書』や物語の時代背景にも深い理解が求められますね。

外尾　はい。そうやってガウディがどの方向を見ているのか、その本筋のところを理解していないと何をやってもダメだと思います。むしろやらないほうがいい。

ガウディが本当にどこへ行こうとしているのか。それを知るためにはどんな困難も乗り越えていく。そういう本当に深い部分で皆が理解し合うこと、そうすれば前へ進むことができるんですが、いまの時代は表面的な幸せを幸せだと思い込んでいる人がたくさんいる。

本当の人間の生き方、本当の進化とは何か。本当に心を震わせるような幸せというものを経験した人が一体どれだけいるだろうか。そういう人たちがいて初めて、若い人たちが求める方向性が見つかると思うんですけどね。

サグラダ・ファミリアに託した思い

――それにしてもガウディはなぜサグラダ・ファミリアのような壮大な聖堂を構想したのでしょうか。

外尾　それはやはり、人間の幸せというものを求めてでしょう。

彼は貧しい家庭に生まれ、小児リウマチを患い生涯その病気と闘った。若くして家族を次つぎに亡くし、仲間に騙《だま》されたり、不条理な嫉妬《しっと》心に苛《さいな》まれたり、三つの戦争を潜り抜けたり。要するに人間の弱さや醜さをいやというほど嘗《な》めてきた彼が、それに打ち勝ち、人間の幸せとは何だろうかと考えながら、その思いをサグラダ・ファミリアに託していったのだと思うんです。

彼は科学技術の進歩にも大きな関心を寄せていました。人類はこれほど物質的に豊

かであっても、あと千年生き続けられるかどうかすらも危うい。そんな中で人間という素晴らしい存在を信じて、その本当の幸せを見つけていくもう一つの道を、彼はサグラダ・ファミリアで示していると思うんです。

——あの聖堂には彼のそういう深い思いが込められているのですね。

外尾　ガウディは、自分が幼い頃に自然から得た喜びや幸せを人に伝えたかったのだろうと思います。

彼は生前、十年以上の歳月を費やして「逆さ吊《づ》り実験」というものを行いました。人間は引力に抗することができない。しかし複数の紐《ひも》で錘《おもり》を支えた時にできる曲線をそのまま反転させると、自然の力に逆らわない構造体ができ上がるというのです。サグラダ・ファミリアの建築には、この原理が応用されています。

十三世紀末～十五世紀末に起こったルネサンス以降、ひたすら文明を発展させ続けてきた人間は、いつしか天地自然への畏怖《いふ》をなくしつつあった。しかし人間は偉大であろうとすればするほど卑小なものになってしまう。人間一人ひとりは無力だが、その叡智《えいち》を愛情をもって結集すれば、偉大なことを成すことができる。その証明を彼は試みたのではないでしょうか。

人は苦悩を経て真の幸福に至る

――外尾さんのこれまでの原動力となってきたものは何ですか。

外尾　私が外国の地で仕事をするには、労働許可を得るのにも大変な労力が要るんですね。毎年、長い行列に並んで書類を山のように集め、それをまとめたり、提出しに行ったり。何日もの日数が無駄になるようなことをしながらも、同時に他の人に打ち勝つ作品をつくっていかなければならない。

でも私は条件が厳しければ厳しいほど逆にいい仕事ができると思っているんです。周りのスタッフにあれこれ注文をつけ、それを叶《かな》えてもらうより、限られたスペースの中、道具も時間もこれだけしかないという条件でやったほうがいい仕事ができる。完璧な条件はこちらに仕事をさせてくれません。

仕事をしていく上では「やろう」という気持ちが何よりも大切で、完璧に条件が揃《そろ》っていたら逆にやる気が失《う》せる。たやすくできるんじゃないか、という甘えが出てしまうからです。

果物の木でも、枝の分かれた所に石を置いてやる。そうすると木が苦しむんですが、それによって枝が横に伸びて表面積が広がり、果実も多くなる。大事に大事に育てた木には実があまりなりません。

——自然界もそうですか。

外尾　人間界もそうですよ。

私は皆さんからよく「外尾はなぜそんなことに気づくんだ？」と聞かれるんですが、ガウディには皆が同じように接しているはずなのに、外尾は電車を待っている時や掃除をしている最中でも、ガウディのことと絡めていろいろなことに気がつく。その理由を知りたい、と。

これは私だけでなくどんな人もそうだと思うのですが、苦悩する人はもう、気づかざるを得ないんですよ。同じ状況にいても、苦悩しない人は何も気づかない。気づく必要がないからです。本当に何かを知っていくためには、苦悩を重ねる必要がある。

人はなぜ自分の命を懸けてまで山に登るのか。自分にできるかできないか分からないことに対する挑戦、自らを奮い立たせる勇気、そして苦しみ。息も絶え絶えになりながら山を登り切り、自分の限界を超えて頂上に達した時の喜び。その喜びがあるから山に登るのだと思う。そうした苦悩の上に立って、当たり前のことを心から幸せに思える人は幸せだと思うんです。

――苦悩を経たからこそ、その幸せに気づくことができるのですね。

外尾　当たり前のことを単に当たり前だと言って済ませている人は、まだ子供で未熟です。それを今回の震災が教えてくれました。

本当に大切なものは、失った時にしか気づかない。それを失う前に気づくのが大人だろうと思うんです。

おそらくガウディもそう思っていたと思うのですが、人間は一人では生きていかれない。社会の中で生活をしている。そういう中で、自分の心の中にいかに人が生きるか、自分の知らないところで人が自分のことを思ってくれているか。そこにこそ、いかなるものにも代え難い大人の幸せというものがあるんじゃないかと思います。

晩年のガウディはサグラダ・ファミリアの建設資金に私財のすべてを投じ、殆《ほとん》ど無一文になっていました。

彼は人類の誰も想像し得なかった壮大な聖堂の構想を描き、それが自分の死後もつくり続けられ、人々の心の中に生き続けることを信じていた。

「私がこの聖堂を完成できないことは、悲しむべきことではない。必ずあとを引き継ぐ者たちが現れ、より壮麗《そうれい》に命を吹き込んでくれる――」

ガウディが晩年に残した言葉ですが、彼が求めた人間の幸福のあり方が、この言葉に集約されているように私は思います。

『プロフェッショナルへの道』初出一覧

登山家 **栗城史多**◉終わりなき頂上への挑戦――『致知』2012年3月号

クリエイティブディレクター **佐藤可士和**◉デザインの力で新時代を切り開く――『致知』2012年9月号

NPO法人全世界空手道連盟 新極真会世田谷・杉並支部長 **塚本徳臣**◉我が空手道は「天地一つ」――『致知』2012年8月号

LUNA社長 **長谷川千波**◉人生の幅と深さは自分で決める――『致知』2012年8月号

書道家 **武田双雲**◉日々感謝日々感動――『致知』2010年10月号

レストラン カンテサンスシェフ **岸田周三**◉限りなき料理の道を極め続ける――『致知』2008年7月号

囲碁棋士 **張栩**◉我が独行道――『致知』2010年7月号

メンタルトレーナー ff Mental Room代表 **久瑠あさ美**◉心のあり方が人生の価値と質を決める――『致知』2012年10月号

BMW正規ディーラー 東立取締役 **飯尾昭夫**◉営業に魔法の杖はない――『致知』2013年2月号

サグラダ・ファミリア主任彫刻家 **外尾悦郎**◉いまがその時、その時がいま――『致知』2012年12月号

プロフェッショナルへの道

平成二十五年四月十五日第一刷発行
令和四年十月二十五日第三刷発行

著　者　致知取材班
発行者　藤尾　秀昭
発行所　致知出版社
〒150-0001 東京都渋谷区神宮前四の二十四の九
TEL（〇三）三七九六―二一一一
印刷・製本　中央精版印刷

ISBN978-4-88474-994-1 C0095
ホームページ　http://www.chichi.co.jp
Eメール　books@chichi.co.jp

ビジネス・経営シリーズ

書名	著者	内容	定価
人生と経営	稲盛和夫 著	京セラ・KDDIを創業した稲盛和夫氏は何と闘い、何に苦悩し、何に答えを見い出したか。稲盛和夫氏の原点がここにある。	定価／税込 1,650円
信念が未来をひらく	伊藤幸男 著	稲盛氏の経営や考え方を、多くの事例を用いて分かりやすく解説。稲盛氏本人も推薦する、経営者やビジネスマンにおすすめの一冊。	定価／税込 1,760円
凡事徹底	鍵山秀三郎 著	平凡なことを非凡に勤める中で培われた経営哲学の神髄。凡事徹底こそが人生と社会を良くしていくという思いが込められている。	定価／税込 1,100円
志のみ持参	上甲晃 著	「人間そのものの値打ちをあげる」ことを目指す松下政経塾での十三年間の実践をもとに、真の人間教育と経営の神髄を語る。	定価／税込 1,320円
男児志を立つ	越智直正 著	人生の激流を生きるすべての人へ。タビオ会長が丁稚の頃から何度も読み、血肉としてきた漢詩をエピソードを交えて紹介。	定価／税込 1,650円
君子を目指せ小人になるな	北尾吉孝 著	仕事も人生もうまくいく原点は古典にあった！古典を仕事や人生に活かしてきた著者が、中国古典の名言から、君子になる道を説く。	定価／税込 1,650円
誰も教えてくれなかった 運とツキの法則	林野宏 著	いかにして運とツキを引き寄せるか。具体的な仕事のノウハウ、人材育成、リーダーシップの極意など、人生と仕事に勝つための秘策がここに。	定価／税込 1,540円
上に立つ者の心得	谷沢永一／渡部昇一 著	中国古典『貞観政要』。名君と称えられる唐の太宗とその臣下たちとのやりとりから、徳川家康も真摯に学んだといわれるリーダー論。	定価／税込 1,650円
プロの条件	藤尾秀昭 著	人気の『心に響く小さな5つの物語』の姉妹編。5000人のプロに共通する秘伝5か条から、若いビジネスマンが持つべき仕事観を学ぶ。	定価／税込 1,047円
小さな経営論	藤尾秀昭 著	『致知』編集長が30余年の取材で出合った、人生を経営するための要諦。社員教育活用企業多数！	定価／税込 1,100円

人間力を高める致知出版社の本

自分を育てるのは自分

東井義雄 著

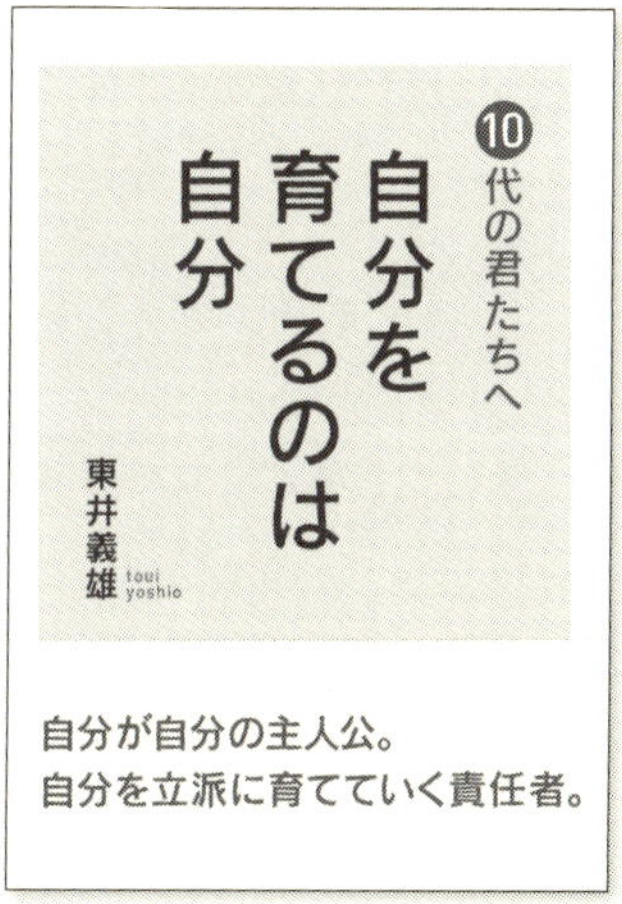
10代の君たちへ
自分を育てるのは自分
東井義雄
toui yoshio
自分が自分の主人公。
自分を立派に育てていく責任者。

国民教育の師父・森信三が「教育界の国宝」と称えた
伝説の教師・東井義雄先生〝感動〟の講話録

●B6変形判並製　●定価1、320円（税込）